# COLLECTION

DES

# CLASSIQUES FRANÇAIS.

SE TROUVE AUSSI

Chez { AIMÉ ANDRÉ, quai des Augustins, n° 59;
PARMANTIER, rue Dauphine, n° 14;
BERQUET, rue de l'École de Médecine, n° 4.

---

DE L'IMPRIMERIE DE FIRMIN DIDOT, RUE JACOB, N° 24.

# OEUVRES

## COMPLÈTES

# DE MOLIÈRE,

REVUES AVEC SOIN

SUR LES DIFFÉRENTES ÉDITIONS;

PRÉCÉDÉES D'UNE NOUVELLE VIE DE MOLIÈRE, ET D'UN TABLEAU
CHRONOLOGIQUE ET HISTORIQUE DE SES PIÈCES;

Par P. R. AUGUIS.

---

TOME TROISIÈME.

PARIS,
FROMENT, QUAI DES AUGUSTINS, N° 17.

MDCCCXXIII.

# LA CRITIQUE

DE

# L'ÉCOLE DES FEMMES,

## COMÉDIE

EN UN ACTE ET EN PROSE,

Représentée à Paris, sur le théâtre du Palais-Royal, le 1<sup>er</sup> juin 1663.

# A LA REINE MÈRE.

Madame,

Je sais bien que Votre Majesté n'a que faire de toutes nos dédicaces, et que ces prétendus devoirs dont on lui dit élégamment qu'on s'acquitte envers elle, sont des hommages, à dire vrai, dont elle nous dispenseroit très-volontiers : mais je ne laisse pas d'avoir l'audace de lui dédier *la Critique de l'École des Femmes*; et je n'ai pu refuser cette petite occasion de pouvoir témoigner ma joie à Votre Majesté sur cette heureuse convalescence qui redonne à nos vœux la plus grande et la meilleure princesse du monde, et nous promet en elle de longues années d'une santé vigoureuse. Comme chacun regarde les choses du côté de ce qui le touche, je me réjouis, dans cette allégresse générale, de pouvoir encore avoir l'honneur de divertir Votre Majesté : elle, Madame, qui prouve si bien que la véritable dévotion n'est point contraire aux honnêtes divertissements; qui, de ses hautes pensées et de ses importantes occupations, descend si humainement dans le plaisir de nos spectacles, et ne dédaigne pas de rire de cette même bouche dont elle prie si bien Dieu : je flatte, dis-je, mon esprit de l'espérance de cette gloire; j'en attends le moment avec toutes les impatiences du monde; et, quand je jouirai de ce bonheur, ce sera la plus grande joie que puisse recevoir,

MADAME,

De Votre Majesté,

le très-humble, très-obéissant
et très-fidèle serviteur,
MOLIÈRE.

## PERSONNAGES.

URANIE.
ÉLISE.
CLIMÈNE.
LE MARQUIS.
DORANTE ou LE CHEVALIER.
LISYDAS, poète.
GALOPIN, laquais.

La scène est à Paris, dans la maison d'Uranie.

# LA CRITIQUE
## DE
# L'ÉCOLE DES FEMMES.

## SCÈNE PREMIÈRE.
### URANIE, ÉLISE.

URANIE.

Quoi! cousine, personne ne t'est venu rendre visite?

ÉLISE.

Personne du monde.

URANIE.

Vraiment! voilà qui m'étonne, que nous ayons été seules l'une et l'autre tout aujourd'hui.

ÉLISE.

Cela m'étonne aussi : car ce n'est guère notre coutume; et votre maison, Dieu merci, est le refuge ordinaire de tous les fainéants de la cour.

URANIE.

L'après-dînée, à dire vrai, m'a semblé fort longue.

ÉLISE.

Et moi je l'ai trouvée fort courte.

URANIE.

C'est que les beaux esprits, cousine, aiment la solitude.

#### ÉLISE.

Ah! très-humble servante au bel esprit! vous savez que ce n'est pas là que je vise.

#### URANIE.

Pour moi, j'aime la compagnie, je l'avoue.

#### ÉLISE.

Je l'aime aussi, mais je l'aime choisie; et la quantité des sottes visites qu'il vous faut essuyer parmi les autres, est cause bien souvent que je prends plaisir d'être seule.

#### URANIE.

La délicatesse est trop grande de ne pouvoir souffrir que des gens triés.

#### ÉLISE.

Et la complaisance est trop générale de souffrir indifféremment toutes sortes de personnes.

#### URANIE.

Je goûte ceux qui sont raisonnables, et me divertis des extravagants.

#### ÉLISE.

Ma foi, les extravagants ne vont guère loin sans vous ennuyer, et la plupart de ces gens-là ne sont plus plaisants dès la seconde visite. Mais, à propos d'extravagants, ne voulez-vous pas me défaire de votre marquis incommode? Pensez-vous me le laisser toujours sur les bras, et que je puisse durer à ses turlupinades [1] perpétuelles?

#### URANIE.

Ce langage est à la mode, et l'on le tourne en plaisanterie à la cour.

---

[1] *Turlupinades*, mauvaises plaisanteries, pointes. Voyez la note page 14.

## SCÈNE I.

ÉLISE.

Tant pis pour ceux qui le font, et qui se tuent tout le jour à parler ce jargon obscur. La belle chose de faire entrer aux conversations du Louvre de vieilles équivoques ramassées parmi les boues des halles et de la place Maubert! La jolie façon de plaisanter pour des courtisans! et qu'un homme montre d'esprit lorsqu'il vient vous dire : Madame, vous êtes dans la Place-Royale, et tout le monde vous voit de trois lieues de Paris, car chacun vous voit de bon œil, à cause que Bonneuil est un village à trois lieues d'ici. Cela n'est-il pas bien galant et bien spirituel! Et ceux qui trouvent ces belles rencontres, n'ont-ils pas lieu de s'en glorifier?

URANIE.

On ne dit pas cela aussi comme une chose spirituelle; et la plupart de ceux qui affectent ce langage, savent bien eux-mêmes qu'il est ridicule.

ÉLISE.

Tant pis encore de prendre peine à dire des sottises, et d'être mauvais plaisants de dessein formé. Je les en tiens moins excusables; et si j'en étois juge, je sais bien à quoi je condamnerois tous ces messieurs les turlupins.

URANIE.

Laissons cette matière qui t'échauffe un peu trop, et disons que Dorante vient bien tard, à mon avis, pour le souper que nous devons faire ensemble.

ÉLISE.

Peut-être l'a-t-il oublié, et que...

## SCÈNE II.

### URANIE, ÉLISE, GALOPIN.

GALOPIN.

Voilà Climène, madame, qui vient ici pour vous voir.

URANIE.

Hé! mon dieu! quelle visite!

ÉLISE.

Vous vous plaignez d'être seule; aussi le ciel vous en punit.

URANIE.

Vite, qu'on aille dire que je n'y suis pas.

GALOPIN.

On a déja dit que vous y étiez.

URANIE.

Et qui est le sot qui l'a dit?

GALOPIN.

Moi, madame.

URANIE.

Diantre soit le petit vilain! Je vous apprendrai bien à faire vos réponses de vous-même.

GALOPIN.

Je vais lui dire, madame, que vous voulez être sortie.

URANIE.

Arrêtez, animal, et la laissez monter, puisque la sottise est faite.

GALOPIN.

Elle parle encore à un homme, dans la rue.

## SCÈNE II.

URANIE.

Ah! cousine, qué cette visite m'embarrasse à l'heure qu'il est!

ÉLISE.

Il est vrai que la dame est un peu embarrassante de son naturel : j'ai toujours eu pour elle une furieuse aversion; et, n'en déplaise à sa qualité, c'est la plus sotte bête qui se soit jamais mêlée de raisonner.

URANIE.

L'épithète est un peu forte.

ÉLISE.

Allez, allez; elle mérite bien cela, et quelque chose de plus, si on lui faisoit justice. Est-ce qu'il y a une personne qui soit plus véritablement qu'elle ce qu'on appelle précieuse, à prendre le mot dans sa plus mauvaise signification?

URANIE.

Elle se défend bien de ce nom pourtant.

ÉLISE.

Il est vrai, elle se défend du nom, mais non pas de la chose; car enfin elle l'est depuis les pieds jusqu'à la tête, et la plus grande façonnière du monde. Il semble que tout son corps soit démonté, et que les mouvements de ses hanches, de ses épaules et de sa tête, n'aillent que par ressorts. Elle affecte toujours un ton de voix languissant et niais, fait la moue pour montrer une petite bouche, et roule les yeux pour les faire paroître grands.

URANIE.

Doucement donc. Si elle venoit à entendre...

ÉLISE.

Point, point; elle ne monte pas encore. Je me souviens toujours du soir qu'elle eut envie de voir Damon, sur la réputation qu'on lui donne, et les choses que le public a vues de lui. Vous connoissez l'homme et sa naturelle paresse à soutenir la conversation. Elle l'avoit invité à souper comme bel-esprit, et jamais il ne parut si sot parmi une demi-douzaine de gens à qui elle avoit fait fête de lui, et qui le regardoient avec de grands yeux, comme une personne qui ne devoit pas être faite comme les autres. Ils pensoient tous qu'il étoit là pour défrayer la compagnie de bons mots; que chaque parole qui sortoit de sa bouche, devoit être extraordinaire; qu'il devoit faire des impromptu sur tout ce qu'on disoit, et ne demander à boire qu'avec une pointe. Mais il les trompa fort par son silence; et la dame fut aussi mal satisfaite de lui que je le fus d'elle.

URANIE.

Tais-toi. Je vais la recevoir à la porte de la chambre.

ÉLISE.

Encore un mot. Je voudrois bien la voir mariée avec le marquis dont nous avons parlé : le bel assemblage que ce seroit d'une précieuse et d'un turlupin! [1]

URANIE.

Veux-tu te taire? La voici.

---

[1] *Turlupin.* Il y avoit à l'hôtel de Bourgogne un célèbre farceur qui se faisoit appeler *Belleville* pour le comique, et *Turlupin* pour la farce. On a donné le nom de *Turlupins* aux mauvais plaisants, aux faiseurs de pointes.

## SCÈNE III.

CLIMÈNE, URANIE, ÉLISE, GALOPIN.

URANIE.
Vraiment, c'est bien tard que...
CLIMÈNE.
Hé! de grace, ma chère, faites-moi vite donner un siége.
URANIE, à Galopin.
Un fauteuil promptement.
CLIMÈNE.
Ah! mon dieu!
URANIE.
Qu'est-ce donc?
CLIMÈNE.
Je n'en puis plus.
URANIE.
Qu'avez-vous?
CLIMÈNE.
Le cœur me manque.
URANIE.
Sont-ce des vapeurs qui vous ont pris?
CLIMÈNE.
Non.
URANIE.
Voulez-vous qu'on vous délace?
CLIMÈNE.
Mon dieu! non, Ah!

URANIE.

Quel est donc votre mal? et depuis quand vous a-t-il pris?

CLIMÈNE.

Il y a plus de trois heures, et je l'ai apporté du Palais-Royal.

URANIE.

Comment?

CLIMÈNE.

Je viens de voir pour mes péchés cette méchante rapsodie de l'École des Femmes. Je suis encore en défaillance du mal de cœur que cela m'a donné; et je pense que je n'en reviendrai de plus de quinze jours.

ÉLISE.

Voyez un peu comme les maladies arrivent sans qu'on y songe!

URANIE.

Je ne sais pas de quel tempérament nous sommes, ma cousine et moi; mais nous fûmes avant-hier à la même pièce, et nous en revînmes toutes deux saines et gaillardes.

CLIMÈNE.

Quoi! vous l'avez vue?

URANIE.

Oui, et écoutée d'un bout à l'autre.

CLIMÈNE.

Et vous n'en avez pas été jusques aux convulsions, ma chère?

URANIE.

Je ne suis pas si délicate, Dieu merci; et je trouve, pour moi, que cette comédie seroit plutôt capable de guérir les gens que de les rendre malades.

## SCÈNE III.

### CLIMÈNE.

Ah! mon dieu! que dites-vous là? Cette proposition peut-elle être avancée par une personne qui ait du revenu en sens commun? Peut-on impunément, comme vous faites, rompre en visière à la raison? Et, dans le vrai de la chose, est-il un esprit si affamé de plaisanterie, qu'il puisse tâter des fadaises dont cette comédie est assaisonnée? Pour moi, je vous avoue que je n'ai pas trouvé le moindre grain de sel dans tout cela. *Les enfants par l'oreille* m'ont paru d'un goût détestable, *la tarte à la crème* m'a affadi le cœur; et j'ai pensé vomir *au potage*.

### ÉLISE.

Mon dieu! que tout cela est dit élégamment! J'aurois cru que cette pièce étoit bonne: mais madame a une éloquence si persuasive, elle tourne les choses d'une manière si agréable, qu'il faut être de son sentiment, malgré qu'on en ait.

### URANIE.

Pour moi, je n'ai pas tant de complaisance; et pour dire ma pensée, je tiens cette comédie une des plus plaisantes que l'auteur ait produites.

### CLIMÈNE.

Ah! vous me faites pitié de parler ainsi, et je ne saurois vous souffrir cette obscurité de discernement. Peut-on, ayant de la vertu, trouver de l'agrément dans une pièce qui tient sans cesse la pudeur en alarme, et salit à tout moment l'imagination?

### ÉLISE.

Les jolies façons de parler que voilà! Que vous êtes,

madame, une rude joueuse en critique! et que je plains le pauvre Molière de vous avoir pour ennemie!

CLIMÈNE.

Croyez-moi, ma chère, corrigez de bonne foi votre jugement; et, pour votre honneur, n'allez point dire par le monde que cette comédie vous ait plu.

URANIE.

Moi, je ne sais pas ce que vous y avez trouvé qui blesse la pudeur.

CLIMÈNE.

Hélas! tout; et je mets en fait qu'une honnête femme ne la sauroit voir sans confusion, tant j'y ai découvert d'ordures et de saletés.

URANIE.

Il faut donc que pour les ordures vous ayez des lumières que les autres n'ont pas; car, pour moi, je n'y en ai point vu.

CLIMÈNE.

C'est que vous ne voulez pas y en avoir vu, assurément; car enfin toutes ces ordures, Dieu merci, y sont à visage découvert : elles n'ont pas la moindre enveloppe qui les couvre, et les yeux les plus hardis sont effrayés de leur nudité.

ÉLISE.

Ah!

CLIMÈNE.

Hai, hai, hai.

URANIE.

Mais encore, s'il vous plaît, marquez-moi une de ces ordures que vous dites.

## SCÈNE III.

CLIMÈNE.

Hélas! est-il nécessaire de vous les marquer?

URANIE.

Oui. Je vous demande seulement un endroit qui vous ait fort choquée.

CLIMÈNE.

En faut-il d'autres que la scène de cette Agnès, lorsqu'elle dit ce qu'on lui a pris?

URANIE.

Et que trouvez-vous là de sale?

CLIMÈNE.

Ah!

URANIE.

De grace.

CLIMÈNE.

Fi!

URANIE.

Mais encore?

CLIMÈNE.

Je n'ai rien à vous dire.

URANIE.

Pour moi, je n'y entends point de mal.

CLIMÈNE.

Tant pis pour vous.

URANIE.

Tant mieux plutôt, ce me semble : je regarde les choses du côté qu'on me les montre, et ne les tourne point pour y chercher ce qu'il ne faut pas voir.

CLIMÈNE.

L'honnêteté d'une femme...

URANIE.

L'honnêteté d'une femme n'est pas dans les grimaces. Il sied mal de vouloir être plus sage que celles qui sont sages. L'affectation en cette matière est pire qu'en toute autre; et je ne vois rien de si ridicule que cette délicatesse d'honneur qui prend tout en mauvaise part, donne un sens criminel aux plus innocentes paroles, et s'offense de l'ombre des choses. Croyez-moi, celles qui font tant de façons, n'en sont pas estimées plus femmes de bien; au contraire, leur sévérité mystérieuse et leurs grimaces affectées irritent la censure de tout le monde contre les actions de leur vie. On est ravi de découvrir ce qu'il y peut avoir à redire; et, pour tomber dans l'exemple, il y avoit l'autre jour des femmes à cette comédie, vis-à-vis de la loge où nous étions, qui, par les mines qu'elles affectèrent durant toute la pièce, leurs détournements de tête, et leurs cachements de visage, firent dire de tous côtés cent sottises de leur conduite, que l'on n'auroit pas dites sans cela: et quelqu'un même des laquais cria tout haut qu'elles étoient plus chastes des oreilles que de tout le reste du corps.

CLIMÈNE.

Enfin il faut être aveugle dans cette pièce, et ne pas faire semblant d'y voir les choses.

URANIE.

Il ne faut pas y vouloir voir ce qui n'y est pas.

CLIMÈNE.

Ah! je soutiens, encore un coup, que les saletés y crèvent les yeux.

URANIE.

Et moi, je ne demeure pas d'accord de cela.

## SCÈNE III.

CLIMÈNE.

Quoi! la pudeur n'est pas visiblement blessée par ce que dit Agnès dans l'endroit dont nous parlons?

URANIE.

Non, vraiment. Elle ne dit pas un mot qui de soi ne soit fort honnête; et, si vous voulez entendre dessous quelque autre chose, c'est vous qui faites l'ordure, et non pas elle, puisqu'elle parle seulement d'un ruban qu'on lui a pris.

CLIMÈNE.

Ah! ruban tant qu'il vous plaira; mais ce *le* où elle s'arrête n'est pas mis pour des prunes. Il vient sur ce *le* d'étranges pensées : ce *le* scandalise furieusement; et, quoi que vous puissiez dire, vous ne sauriez défendre l'insolence de ce *le*.

ÉLISE.

Il est vrai, ma cousine, je suis pour madame contre ce *le*. Ce *le* est insolent au dernier point, et vous avez tort de défendre ce *le*.

CLIMÈNE.

Il a une obscénité qui n'est pas supportable.

ÉLISE.

Comment dites-vous ce mot-là, madame?

CLIMÈNE.

Obscénité, madame.

ÉLISE.

Ah! mon dieu! obscénité. Je ne sais ce que ce mot veut dire; mais je le trouve le plus joli du monde.

CLIMÈNE.

Enfin vous voyez comme votre sang prend mon parti.

#### URANIE.

Hé! mon dieu! c'est une causeuse qui ne dit pas ce qu'elle pense. Ne vous y fiez pas beaucoup, si vous m'en voulez croire.

#### ÉLISE.

Ah! que vous êtes méchante de me vouloir rendre suspecte à madame! Voyez un peu où j'en serois, si elle alloit croire ce que vous dites. Serois-je si malheureuse, madame, que vous eussiez de moi cette pensée?

#### CLIMÈNE.

Non, non; je ne m'arrête pas à ses paroles, et je vous crois plus sincère qu'elle ne dit.

#### ÉLISE.

Ah! que vous avez bien raison, madame! et que vous me rendrez justice, quand vous croirez que je vous trouve la plus engageante personne du monde, que j'entre dans tous vos sentiments, et suis charmée de toutes les expressions qui sortent de votre bouche.

#### CLIMÈNE.

Hélas! je parle sans affectation.

#### ÉLISE.

On le voit bien, madame, et que tout est naturel en vous. Vos paroles, le ton de votre voix, vos regards, vos pas, votre action, et votre ajustement, ont je ne sais quel air de qualité qui enchante les gens. Je vous étudie des yeux et des oreilles; et je suis si remplie de vous, que je tâche d'être votre singe et de vous contrefaire en tout.

#### CLIMÈNE.

Vous vous moquez de moi, madame.

ÉLISE.

Pardonnez-moi, madame. Qui voudroit se moquer de vous?

CLIMÈNE.

Je ne suis pas un bon modèle, madame.

ÉLISE.

Oh que si, madame!

CLIMÈNE.

Vous me flattez, madame.

ÉLISE.

Point du tout, madame.

CLIMÈNE.

Épargnez-moi, s'il vous plaît, madame.

ÉLISE.

Je vous épargne aussi, madame; et je ne dis pas la moitié de ce que je pense, madame.

CLIMÈNE.

Ah! mon dieu! brisons là, de grace. Vous me jetteriez dans une confusion épouvantable. Enfin (à Uranie.) nous voilà deux contre vous; et l'opiniâtreté sied si mal aux personnes spirituelles...

# SCÈNE IV.

LE MARQUIS, CLIMÈNE, URANIE, ÉLISE, GALOPIN.

GALOPIN, à la porte de la chambre.

Arrêtez, s'il vous plaît, monsieur.

LE MARQUIS.

Tu ne me connois pas, sans doute!

GALOPIN.

Si fait, je vous connois; mais vous n'entrerez pas.

LE MARQUIS.

Ah! que de bruit, petit laquais!

GALOPIN.

Cela n'est pas bien de vouloir entrer malgré les gens.

LE MARQUIS.

Je veux voir ta maîtresse.

GALOPIN.

Elle n'y est pas, vous dis-je.

LE MARQUIS.

La voilà dans sa chambre.

GALOPIN.

Il est vrai, la voilà : mais elle n'y est pas.

URANIE.

Qu'est-ce donc qu'il y a là?

LE MARQUIS.

C'est votre laquais, madame, qui fait le sot.

GALOPIN.

Je lui dis que vous n'y êtes pas, madame; et il ne veut pas laisser d'entrer.

URANIE.

Et pourquoi dire à monsieur que je n'y suis pas?

GALOPIN.

Vous me grondâtes l'autre jour de lui avoir dit que vous y étiez.

URANIE.

Voyez cet insolent! Je vous prie, monsieur, de ne

pas croire ce qu'il dit. C'est un petit écervelé qui vous a pris pour un autre.

LE MARQUIS.

Je l'ai bien vu, madame; et, sans votre respect, je lui aurois appris à connoître les gens de qualité.

ÉLISE.

Ma cousine vous est fort obligée de cette déférence.

URANIE, à Galopin.

Un siége donc, impertinent.

GALOPIN.

N'en voilà-t-il pas un?

URANIE.

Approchez-le.

(Galopin pousse le siége rudement, et sort.)

## SCÈNE V.

**LE MARQUIS, CLIMÈNE, URANIE, ÉLISE.**

LE MARQUIS.

Votre petit laquais, madame, a du mépris pour ma personne.

ÉLISE.

Il auroit tort, sans doute.

LE MARQUIS.

C'est peut-être que je paie l'intérêt de ma mauvaise mine; (Il rit.) hai, hai, hai.

ÉLISE.

L'âge le rendra plus éclairé en honnêtes gens.

LE MARQUIS.

Sur quoi en étiez-vous, mesdames, lorsque je vous ai interrompues?

URANIE.

Sur la comédie de l'École des Femmes.

LE MARQUIS.

Je ne fais que d'en sortir.

CLIMÈNE.

Hé bien! monsieur, comment la trouvez-vous, s'il vous plaît?

LE MARQUIS.

Tout-à-fait impertinente.

CLIMÈNE.

Ah! que j'en suis ravie!

LE MARQUIS.

C'est la plus méchante chose du monde. Comment diable! à peine ai-je pu trouver place. J'ai pensé être étouffé à la porte, et jamais on ne m'a tant marché sur les pieds. Voyez comme mes canons et mes rubans en sont ajustés, de grace.

ÉLISE.

Il est vrai que cela crie vengeance contre l'École des Femmes, et que vous la condamnez avec justice.

LE MARQUIS.

Il ne s'est jamais fait, je pense, une si méchante comédie.

URANIE.

Ah! voici Dorante que nous attendions.

## SCÈNE VI.

DORANTE, CLIMÈNE, URANIE, ÉLISE, LE MARQUIS.

#### DORANTE.

Ne bougez, de grace, et n'interrompez point votre discours. Vous êtes là sur une matière qui, depuis quatre jours, fait presque l'entretien de toutes les maisons de Paris ; et jamais on n'a rien vu de si plaisant que la diversité des jugements qui se font là-dessus : car enfin j'ai ouï condamner cette comédie à certaines gens par les mêmes choses que j'ai vu d'autres estimer le plus.

#### URANIE.

Voilà monsieur le marquis qui en dit force mal.

#### LE MARQUIS.

Il est vrai. Je la trouve détestable, morbleu! détestable, du dernier détestable, ce qu'on appelle détestable.

#### DORANTE.

Et moi, mon cher marquis, je trouve le jugement détestable.

#### LE MARQUIS.

Quoi! chevalier, est-ce que tu prétends soutenir cette pièce?

#### DORANTE.

Oui, je prétends la soutenir.

#### LE MARQUIS.

Parbleu! je la garantis détestable.

DORANTE.

La caution n'est pas bourgeoise. Mais, marquis, par quelle raison, de grace, cette comédie est-elle ce que tu dis?

LE MARQUIS.

Pourquoi elle est détestable?

DORANTE.

Oui.

LE MARQUIS.

Elle est détestable, parce qu'elle est détestable.

DORANTE.

Après cela, il n'y a plus rien à dire; voilà son procès fait. Mais encore, instruis-nous, et nous dis les défauts qui y sont.

LE MARQUIS.

Que sais-je, moi? Je ne me suis pas seulement donné la peine de l'écouter. Mais enfin je sais bien que je n'ai jamais rien vu de si méchant, Dieu me sauve! et Dorilas, contre qui j'étois, a été de mon avis.

DORANTE.

L'autorité est belle, et te voilà bien appuyé!

LE MARQUIS.

Il ne faut que voir les continuels éclats de rire que le parterre y fait. Je ne veux point d'autre chose pour témoigner qu'elle ne vaut rien.

DORANTE.

Tu es donc, marquis, de ces messieurs du bel air qui ne veulent pas que le parterre ait du sens commun, et qui seroient fâchés d'avoir ri avec lui, fût-ce de la meilleure chose du monde? Je vis l'autre jour sur le théâtre un de nos amis qui se rendit ridicule par là. Il écouta toute la pièce avec un sérieux le plus sombre du monde; et tout ce qui égayoit les autres ridoit son front. A tous les éclats de risée, il haussoit les épaules, et regardoit le parterre en pitié; et quelquefois aussi, le regardant avec dépit, il lui disoit tout haut: *Ris donc, parterre, ris donc.* Ce fut une seconde comédie que le chagrin de notre ami: il la donna en galant homme à toute l'assemblée, et chacun demeura d'accord qu'on ne pouvoit pas mieux jouer qu'il fit. Apprends, marquis, je te prie, et les autres aussi, que le bon sens n'a point de place déterminée à la comédie; que la différence du demi-louis d'or[1] et de la pièce de quinze sous ne fait rien du tout au bon goût; que debout ou assis, on peut donner un mauvais jugement; et qu'enfin, à le prendre en général, je me fierois assez à l'approbation du parterre, par la raison qu'entre ceux qui le composent, il y en a plusieurs qui sont capables de juger d'une pièce selon les règles, et que les autres en jugent par la bonne façon d'en juger, qui est de se laisser prendre aux choses, et de n'avoir ni prévention aveugle, ni complaisance affectée, ni délicatesse ridicule.

LE MARQUIS.

Te voilà donc, chevalier, le défenseur du parterre! Parbleu! je m'en réjouis, et je ne manquerai pas de l'avertir que tu es de ses amis. Hai, hai...

[1] Le *louis* ou *lys d'or* valait à cette époque 7 livres tournois. Le marc était à 423 livres 10 sous 11 deniers, à vingt-trois karats un quart du titre. Le prix des premières places au spectacle était donc de trois livres dix sous.

#### DORANTE.

Ris tant que tu voudras. Je suis pour le bon sens, et ne saurois souffrir les ébullitions de cerveau de nos marquis de Mascarille. J'enrage de voir de ces gens qui se traduisent en ridicules malgré leur qualité; de ces gens qui décident toujours, et parlent hardiment de toutes choses sans s'y connoître; qui, dans une comédie, se récrieront aux méchants endroits, et ne branleront pas à ceux qui sont bons; qui, voyant un tableau, ou écoutant un concert de musique, blâment de même et louent tout à contre-sens, prennent par où ils peuvent les termes de l'art qu'ils attrapent, et ne manquent jamais de les estropier et de les mettre hors de place. Hé! morbleu! messieurs, taisez-vous. Quand Dieu ne vous a pas donné la connoissance d'une chose, n'apprêtez point à rire à ceux qui vous entendent parler; et songez qu'en ne disant mot on croira peut-être que vous êtes d'habiles gens.

#### LE MARQUIS.

Parbleu! chevalier, tu le prends là...

#### DORANTE.

Mon dieu! marquis, ce n'est pas à toi que je parle; c'est à une douzaine de messieurs qui déshonorent les gens de cour par leurs manières extravagantes, et font croire parmi le peuple que nous nous ressemblons tous. Pour moi, je m'en veux justifier le plus qu'il me sera possible; et je les dauberai tant en toutes rencontres, qu'à la fin ils se rendront sages.

#### LE MARQUIS.

Dis-moi un peu, chevalier: crois-tu que Lysandre ait de l'esprit.

## SCÈNE VI.

DORANTE.

Oui, sans doute, et beaucoup.

URANIE.

C'est une chose qu'on ne peut pas nier.

LE MARQUIS.

Demande-lui ce qu'il lui semble de l'École des Femmes, tu verras qu'il te dira qu'elle ne lui plaît pas.

DORANTE.

Hé! mon dieu! il y en a beaucoup que le trop d'esprit gâte, qui voient mal les choses à force de lumières, et même qui seroient bien fâchés d'être de l'avis des autres, pour avoir la gloire de décider.

URANIE.

Il est vrai. Notre ami est de ces gens-là, sans doute. Il veut être le premier de son opinion, et qu'on attende par respect son jugement. Toute approbation qui marche avant la sienne est un attentat sur ses lumières, et dont il se venge hautement en prenant le contraire parti. Il veut qu'on le consulte sur toutes les affaires d'esprit, et je suis sûre que si l'auteur lui eût montré sa comédie avant que de la faire voir au public, il l'eût trouvée la plus belle du monde.

LE MARQUIS.

Et que direz-vous de la marquise Araminte, qui la publie partout pour épouvantable, et dit qu'elle n'a pu jamais souffrir les ordures dont elle est pleine?

DORANTE.

Je dirai que cela est digne du caractère qu'elle a pris, et qu'il y a des personnes qui se rendent ridicules pour vouloir avoir trop d'honneur. Bien qu'elle ait de l'esprit, elle a suivi le mauvais exemple de celles qui, étant sur le retour de l'âge, veulent remplacer de quelque chose ce qu'elles voient qu'elles perdent, et prétendent que les grimaces d'une pruderie scrupuleuse leur tiendront lieu de jeunesse et de beauté. Celle-ci pousse l'affaire plus avant qu'aucune; et l'habileté de son scrupule découvre des saletés où jamais personne n'en avoit vu. On tient qu'il va, ce scrupule, jusques à défigurer notre langue, et qu'il n'y a presque point de mots dont la sévérité de cette dame ne veuille retrancher ou la tête ou la queue pour les syllabes déshonnêtes qu'elle y trouve.

URANIE.

Vous êtes bien fou, chevalier.

LE MARQUIS.

Enfin, chevalier, tu crois défendre ta comédie en faisant la satire de ceux qui la condamnent.

DORANTE.

Non pas; mais je tiens que cette dame se scandalise à tort...

ÉLISE.

Tout beau, monsieur le chevalier! il pourroit y en avoir d'autres qu'elle qui seroient dans les mêmes sentiments.

DORANTE.

Je sais bien que ce n'est pas vous, au moins; et que lorsque vous avez vu cette représentation...

ÉLISE.

Il est vrai, mais j'ai changé d'avis; et madame (montrant Climène) sait appuyer le sien par des raisons si convaincantes, qu'elle m'a entraînée de son côté.

###### DORANTE, à Climène.

Ah! madame, je vous demande pardon ; et, si vous le voulez, je me dédirai, pour l'amour de vous, de tout ce que j'ai dit.

###### CLIMÈNE.

Je ne veux pas que ce soit pour l'amour de moi, mais bien pour l'amour de la raison : car enfin cette pièce, à le bien prendre, est tout-à-fait indéfendable, et je ne conçois pas...

###### URANIE.

Ah! voici l'auteur monsieur Lysidas : il vient tout à propos pour cette matière. Monsieur Lysidas, prenez un siége vous-même, et vous mettez là.

## SCÈNE VII.

### LYSIDAS, CLIMÈNE, URANIE, ÉLISE, DORANTE, LE MARQUIS.

###### LYSIDAS.

Madame, je viens un peu tard : mais il m'a fallu lire ma pièce chez madame la marquise dont je vous avois parlé ; et les louanges qui lui ont été données m'ont retenu une heure de plus que je ne croyois.

###### ÉLISE.

C'est un grand charme que les louanges pour arrêter un auteur.

###### URANIE.

Asseyez-vous donc, monsieur Lysidas ; nous lirons votre pièce après souper.

### LYSIDAS.

Tous ceux qui étoient là doivent venir à sa première représentation, et m'ont promis de faire leur devoir comme il le faut.

### URANIE.

Je le crois. Mais, encore une fois, asseyez-vous, s'il vous plaît. Nous sommes ici sur une matière que je serai bien aise que nous poussions.

### LYSIDAS.

Je pense, madame, que vous retiendrez aussi une loge pour ce jour-là.

### URANIE.

Nous verrons. Poursuivons, de grace, notre discours.

### LYSIDAS.

Je vous en donne avis, madame, qu'elles sont presque toutes retenues.

### URANIE.

Voilà qui est bien. Enfin j'avois besoin de vous, lorsque vous êtes venu, et tout le monde étoit ici contre moi.

### ÉLISE, à Uranie.

( Montrant Dorante. ) Il s'est mis d'abord de votre côté : mais maintenant qu'il sait que madame ( montrant Climène ) est à la tête du parti contraire, je pense que vous n'avez qu'à chercher un autre secours.

### CLIMÈNE.

Non, non, je ne voudrois pas qu'il fît mal sa cour auprès de madame votre cousine, et je permets à son esprit d'être du parti de son cœur.

### DORANTE.

Avec cette permission, madame, je prendrai la hardiesse de me défendre.

## SCÈNE VII.

URANIE.

Mais, auparavant, sachons un peu les sentiments de monsieur Lysidas.

LYSIDAS.

Sur quoi, madame?

URANIE.

Sur le sujet de l'École des Femmes.

LYSIDAS.

Ah! ah!

DORANTE.

Que vous en semble?

LYSIDAS.

Je n'ai rien à dire là-dessus; et vous savez qu'entre nous autres auteurs nous devons parler des ouvrages les uns des autres avec beaucoup de circonspection.

DORANTE.

Mais encore, entre nous, que pensez-vous de cette comédie?

LYSIDAS.

Moi, monsieur?

URANIE.

De bonne foi, dites-nous votre avis.

LYSIDAS.

Je la trouve fort belle.

DORANTE.

Assurément?

LYSIDAS.

Assurément. Pourquoi non! n'est-elle pas en effet la plus belle du monde?

DORANTE.

Hon, hon, vous êtes un méchant diable, monsieur Lysidas; vous ne dites pas ce que vous pensez.

LYSIDAS.

Pardonnez-moi.

DORANTE.

Mon dieu ! je vous connois. Ne dissimulons point.

LYSIDAS.

Moi, monsieur ?

DORANTE.

Je vois bien que le bien que vous dites de cette pièce n'est que par honnêteté, et que, dans le fond du cœur, vous êtes de l'avis de beaucoup de gens qui la trouvent mauvaise.

LYSIDAS.

Hai, hai, hai.

DORANTE.

Avouez, ma foi, que c'est une méchante chose que cette comédie.

LYSIDAS.

Il est vrai qu'elle n'est pas approuvée par les connoisseurs.

LE MARQUIS.

Ma foi, chevalier, tu en tiens; et te voilà payé de ta raillerie. Ah, ah, ah, ah, ah.

DORANTE.

Pousse, mon cher marquis, pousse.

LE MARQUIS.

Tu vois que nous avons les savants de notre côté.

DORANTE.

Il est vrai, le jugement de monsieur Lysidas est quelque chose de considérable : mais monsieur Lysidas veut bien que je ne me rende pas pour cela; et puisque j'ai

## SCÈNE VII.

bien l'audace de me défendre contre les sentiments de madame (montrant Climène), il ne trouvera pas mauvais que je combatte les siens.

### ÉLISE.

Quoi! vous voyez contre vous madame, monsieur le marquis et monsieur Lysidas, et vous osez résister encore! Fi! que cela est de mauvaise grace!

### CLIMÈNE.

Voilà qui me confond, pour moi, que des personnes raisonnables se puissent mettre en tête de donner protection aux sottises de cette pièce.

### LE MARQUIS.

Dieu me damne! madame, elle est misérable depuis le commencement jusqu'à la fin.

### DORANTE.

Cela est bientôt dit, marquis. Il n'est rien plus aisé que de trancher ainsi ; et je ne vois aucune chose qui puisse être à couvert de la souveraineté de tes décisions.

### LE MARQUIS.

Parbleu! tous les autres comédiens qui étoient là pour la voir en ont dit tous les maux du monde.

### DORANTE.

Ah! je ne dis plus mot; tu as raison, marquis. Puisque les autres comédiens en disent du mal, il faut les en croire assurément : ce sont tous gens éclairés et qui parlent sans intérêt. Il n'y a plus rien à dire, je me rends.

### CLIMÈNE.

Rendez-vous, ou ne vous rendez pas, je sais fort bien que vous ne me persuaderez point de souffrir les immodesties de cette pièce, non plus que les satires désobligeantes qu'on y voit contre les femmes.

#### URANIE.

Pour moi, je me garderai bien de m'en offenser, et de prendre rien sur mon compte de tout ce qui s'y dit. Ces sortes de satires tombent directement sur les mœurs, et ne frappent les personnes que par réflexion. N'allons point nous appliquer à nous-mêmes les traits d'une censure générale; et profitons de la leçon, si nous pouvons, sans faire semblant qu'on parle à nous. Toutes les peintures ridicules qu'on expose sur les théâtres doivent être regardées sans chagrin de tout le monde. Ce sont miroirs publics où il ne faut jamais témoigner qu'on se voie; et c'est se taxer hautement d'un défaut, que se scandaliser qu'on le reprenne.

#### CLIMÈNE.

Pour moi, je ne parle pas de ces choses par la part que j'y puisse avoir, et je pense que je vis d'un air dans le monde à ne pas craindre d'être cherchée dans les peintures qu'on fait là des femmes qui se gouvernent mal.

#### ÉLISE.

Assurément, madame, on ne vous y cherchera point. Votre conduite est assez connue, et ce sont de ces sortes de choses qui ne sont contestées par personne.

#### URANIE, à Climène.

Aussi, madame, n'ai-je rien dit qui aille à vous, et mes paroles, comme les satires de la comédie, demeurent dans la thèse générale.

#### CLIMÈNE.

Je n'en doute pas, madame. Mais enfin passons sur ce

chapitre. Je ne sais pas de quelle façon vous recevez les injures qu'on dit à notre sexe dans un certain endroit de la pièce; et pour moi, je vous avoue que je suis dans une colère épouvantable de voir que cet auteur impertinent nous appelle *des animaux.*

URANIE.

Ne voyez-vous pas que c'est un ridicule qu'il fait parler?

DORANTE.

Et puis, madame, ne savez-vous pas que les injures des amants n'offensent jamais; qu'il est des amours emportés aussi-bien que des doucereux; et qu'en de pareilles occasions les paroles les plus étranges, et quelque chose de pis encore, se prennent bien souvent pour des marques d'affection par celles mêmes qui les reçoivent?

ÉLISE.

Dites tout ce que vous voudrez, je ne saurois digérer cela, non plus que *le potage* et *la tarte à la crème* dont madame a parlé tantôt.

LE MARQUIS.

Ah! ma foi, oui, *tarte à la crème!* Voilà ce que j'avois remarqué tantôt; *tarte à la crème!* Que je vous suis obligé, madame, de m'avoir fait souvenir de *tarte à la crème!* Y a-t-il assez de pommes en Normandie [1] pour

---

[1] Autrefois on jetait des pommes aux acteurs lorsqu'on était mécontent de leur jeu ou de la pièce. On connaît l'épigramme de Racine sur l'origine des sifflets :

> Quant à Pradon, si j'ai bonne mémoire,
> Pommes sur lui volèrent largement.

*tarte à la crème? Tarte à la crème!* morbleu, *tarte à la crème!*

DORANTE.

Hé bien! que veux-tu dire? *tarte à la crème!*

LE MARQUIS.

Parbleu! *tarte à la crème!* chevalier.

DORANTE.

Mais encore?

LE MARQUIS.

*Tarte à la crème.*

DORANTE.

Dis-nous un peu tes raisons.

LE MARQUIS.

*Tarte à la crème.*

URANIE.

Mais il faut expliquer sa pensée, ce me semble.

LE MARQUIS.

*Tarte à la crème*, madame.

URANIE.

Que trouvez-vous là à redire?

LE MARQUIS.

Moi? rien. *Tarte à la crème.*

URANIE.

Ah! je le quitte.

ÉLISE.

Monsieur le marquis s'y prend bien, et vous bourre de la belle manière. Mais je voudrois bien que monsieur Lysidas voulût les achever, et leur donner quelques petits coups de sa façon.

LYSIDAS.

Ce n'est pas ma coutume de rien blâmer, et je suis assez indulgent pour les ouvrages des autres. Mais enfin, sans choquer l'amitié que monsieur le chevalier témoigne pour l'auteur, on m'avouera que ces sortes de comédies ne sont pas proprement des comédies, et qu'il y a une grande différence de toutes ces bagatelles à la beauté des pièces sérieuses. Cependant tout le monde donne là-dedans aujourd'hui ; on ne court plus qu'à cela ; et l'on voit une solitude effroyable aux grands ouvrages, lorsque des sottises ont tout Paris. Je vous avoue que le cœur m'en saigne quelquefois, et cela est honteux pour la France.

CLIMÈNE.

Il est vrai que le goût des gens est étrangement gâté là-dessus, et que le siècle s'encanaille furieusement.

ÉLISE.

Celui-là est joli encore, *s'encanaille !* Est-ce vous qui l'avez inventé, madame ?

CLIMÈNE.

Hé !

ÉLISE.

Je m'en suis bien doutée.

DORANTE.

Vous croyez donc, monsieur Lysidas, que tout l'esprit et toute la beauté sont dans les poëmes sérieux, et que les pièces comiques sont des niaiseries qui ne méritent aucune louange ?

URANIE.

Ce n'est pas mon sentiment, pour moi. La tragédie sans doute, est quelque chose de beau quand elle est bien touchée ; mais la comédie a ses charmes, et je tiens que l'une n'est pas moins difficile que l'autre.

##### DORANTE.

Assurément, madame; et quand, pour la difficulté, vous mettriez un peu plus du côté de la comédie, peut-être que vous ne vous abuseriez pas: car enfin je trouve qu'il est bien plus aisé de se guinder sur de grands sentiments, de braver en vers la fortune, accuser les destins, et dire des injures aux dieux, que d'entrer comme il faut dans le ridicule des hommes, et de rendre agréablement sur le théâtre les défauts de tout le monde. Lorsque vous peignez des héros, vous faites ce que vous voulez; ce sont des portraits à plaisir, où l'on ne cherche point de ressemblance, et vous n'avez qu'à suivre les traits d'une imagination qui se donne l'essor, et qui souvent laisse le vrai pour attrapper le merveilleux. Mais, lorsque vous peignez les hommes, il faut peindre d'après nature: on veut que ces portraits ressemblent; et vous n'avez rien fait, si vous n'y faites reconnoître les gens de votre siècle. En un mot, dans les pièces sérieuses, il suffit, pour n'être point blâmé, de dire des choses qui soient de bon sens et bien écrites: mais ce n'est pas assez dans les autres, il y faut plaisanter; et c'est une étrange entreprise que celle de faire rire les honnêtes gens.

##### CLIMÈNE.

Je crois être du nombre des honnêtes gens; et cependant je n'ai pas trouvé le mot pour rire dans tout ce que j'ai vu.

##### LE MARQUIS.

Ma foi, ni moi non plus.

##### DORANTE.

Pour toi, marquis, je ne m'en étonne pas: c'est que tu n'y as point trouvé de turlupinades.

## SCÈNE VII.

LYSIDAS.

Ma foi, monsieur, ce qu'on y rencontre ne vaut guère mieux, et toutes les plaisanteries y sont assez froides, à mon avis.

DORANTE.

La cour n'a pas trouvé cela...

LYSIDAS.

Ah! monsieur, la cour!

DORANTE.

Achevez, monsieur Lysidas. Je vois bien que vous voulez dire que la cour ne se connoît pas à ces choses; et c'est le refuge ordinaire de vous autres messieurs les auteurs, dans le mauvais succès de vos ouvrages, que d'accuser l'injustice du siècle, et le peu de lumières des courtisans. Sachez, s'il vous plaît, monsieur Lysidas, que les courtisans ont d'aussi bons yeux que d'autres; qu'on peut être habile avec un point de Venise et des plumes aussi bien qu'avec une perruque courte et un petit rabat uni; que la grande épreuve de toutes vos comédies, c'est le jugement de la cour; que c'est son goût qu'il faut étudier pour trouver l'art de réussir, qu'il n'y a point de lieu où les décisions soient si justes; et, sans mettre en ligne de compte tous les gens savants qui y sont, que, du simple bon sens naturel et du commerce de tout le beau monde, on s'y fait une manière d'esprit qui, sans comparaison, juge plus finement des choses que tout le savoir enrouillé des pédants.

URANIE.

Il est vrai que, pour peu qu'on y demeure, il vous passe là tous les jours assez de choses devant les yeux pour acquérir quelque habitude de les connoître, et surtout pour ce qui est de la bonne ou mauvaise plaisanterie.

DORANTE.

La cour a quelques ridicules, j'en demeure d'accord; et je suis, comme on voit, le premier à les fronder; mais, ma foi, il y en a un grand nombre parmi les beaux esprits de profession; et, si l'on joue quelques marquis, je trouve qu'il y a bien plus de quoi jouer les auteurs, et que ce seroit une chose plaisante à mettre sur le théâtre, que leurs grimaces savantes et leurs raffinements ridicules, leur vicieuse coutume d'assassiner les gens de leurs ouvrages, leur friandise de louange, leurs ménagements de pensée, leur trafic de réputation, et leurs ligues offensives et défensives, aussi-bien que leurs guerres d'esprit et leurs combats de prose et de vers.

LYSIDAS.

Molière est bien heureux, monsieur, d'avoir un protecteur aussi chaud que vous. Mais enfin, pour venir au fait, il est question de savoir si sa pièce est bonne; et je m'offre d'y montrer partout cent défauts visibles.

URANIE.

C'est une étrange chose de vous autres messieurs les poètes, que vous condamniez toujours les pièces où tout le monde court, et ne disiez jamais du bien que de celles où personne ne va! Vous montrez pour les unes une haine invincible, et pour les autres une tendresse qui n'est pas concevable.

DORANTE.

C'est qu'il est généreux de se ranger du côté des affligés.

URANIE.

Mais, de grace, monsieur Lysidas, faites-nous voir ces défauts dont je ne me suis point aperçue.

## SCÈNE VII.

LYSIDAS.

Ceux qui possèdent Aristote et Horace voient d'abord, madame, que cette comédie pèche contre toutes les règles de l'art.

URANIE.

Je vous avoue que je n'ai aucune habitude avec ces messieurs-là, et que je ne sais point les règles de l'art.

DORANTE.

Vous êtes de plaisantes gens, avec vos règles dont vous embarrassez les ignorants et nous étourdissez tous les jours! Il semble, à vous ouïr parler, que ces règles de l'art soient les plus grands mystères du monde; et cependant ce ne sont que quelques observations aisées que le bon sens a faites sur ce qui peut ôter le plaisir que l'on prend à ces sortes de poëmes; et le même bon sens qui a fait autrefois ces observations les fait fort aisément tous les jours sans le secours d'Horace et d'Aristote. Je voudrois bien savoir si la grande règle de toutes les règles n'est pas de plaire, et si une pièce de théâtre qui a attrapé son but, n'a pas suivi un bon chemin. Veut-on que tout un public s'abuse sur ces sortes de choses, et que chacun n'y soit pas juge du plaisir qu'il y prend?

URANIE.

J'ai remarqué une chose de ces messieurs-là, c'est que ceux qui parlent le plus des règles, et qui les savent mieux que les autres, font des comédies que personne ne trouve belles.

DORANTE.

Et c'est ce qui marque, madame, comme on doit s'arrêter peu à leurs disputes embarrassées. Car enfin, si les pièces qui sont selon les règles ne plaisent pas, et que celles qui plaisent, ne soient pas selon les règles, il faudroit, de nécessité, que les règles eussent été mal faites. Moquons-nous donc de cette chicane où ils veulent assujettir le goût du public, et ne consultons dans une comédie que l'effet qu'elle fait sur nous. Laissons-nous aller de bonne foi aux choses qui nous prennent par les entrailles, et ne cherchons point de raisonnements pour nous empêcher d'avoir du plaisir.

URANIE.

Pour moi, quand je vois une comédie, je regarde seulement si les choses me touchent; et, lorsque je me suis bien divertie, je ne vais point demander si j'ai eu tort, et si les règles d'Aristote me défendoient de rire.

DORANTE.

C'est justement comme un homme qui auroit trouvé une sauce excellente, et qui voudroit examiner si elle est bonne, sur les préceptes du *Cuisinier françois*.

URANIE.

Il est vrai; et j'admire les raffinements de certaines gens sur des choses que nous devons sentir nous-mêmes.

DORANTE.

Vous avez raison, madame, de les trouver étranges, tous ces raffinements mystérieux. Car enfin, s'ils ont lieu, nous voilà réduits à ne nous plus croire; nos propres sens seront esclaves en toutes choses; et, jusqu'au manger et au boire, nous n'oserons plus trouver rien de bon sans le congé de messieurs les experts.

LYSIDAS.

Enfin, monsieur, toute votre raison, c'est que *l'École*

*des Femmes* a plu; et vous ne vous souciez point qu'elle ne soit pas dans les règles, pourvu....

DORANTE.

Tout beau, monsieur Lysidas, je ne vous accorde pas cela. Je dis bien que le grand art est de plaire, et que, cette comédie ayant plu à ceux pour qui elle est faite, je trouve que c'est assez pour elle; et qu'elle doit peu se soucier du reste. Mais, avec cela, je soutiens qu'elle ne pèche contre aucune des règles dont vous parlez: je les ai lues, dieu merci, autant qu'un autre, et je ferois voir aisément que peut-être n'avons-nous point de pièce au théâtre plus régulière que celle-là.

ÉLISE.

Courage, monsieur Lysidas! nous sommes perdus si vous reculez.

LYSIDAS.

Quoi! monsieur, la protase, l'épitase et la péripétie...

DORANTE.

Ah! monsieur Lysidas, vous nous assommez avec vos grands mots. Ne paroissez point si savant, de grace; humanisez votre discours, et parlez pour être entendu. Pensez-vous qu'un nom grec donne plus de poids à vos raisons? Et ne trouveriez-vous pas qu'il fût aussi beau de dire l'exposition du sujet que la protase; le nœud, que l'épitase; et le dénoûment, que la péripétie?

LYSIDAS.

Ce sont termes de l'art dont il est permis de se servir. Mais, puisque ces mots blessent vos oreilles, je m'expliquerai d'une autre façon, et je vous prie de répondre positivement à trois ou quatre choses que je vais dire. Peut-on souffrir une pièce qui pèche contre le nom propre des pièces de théâtre? Car enfin le nom de poëme dramatique vient d'un mot grec qui signifie *agir;* pour montrer que la nature de ce poëme consiste dans l'action; et, dans cette comédie-ci, il ne se passe point d'action, et tout consiste en des récits que vient faire Agnès ou Horace.

LE MARQUIS.

Ah! ah! chevalier.

CLIMÈNE.

Voilà qui est spirituellement remarqué, et c'est prendre le fin des choses.

LYSIDAS.

Est-il rien de si peu spirituel, ou, pour mieux dire, rien de si bas, que quelques mots où tout le monde rit, et surtout celui *des enfants par l'oreille?*

CLIMÈNE.

Fort bien.

ÉLISE.

Ah!

LYSIDAS.

La scène du valet et de la servante au-dedans de la maison n'est-elle pas d'une longueur ennuyeuse et tout-à-fait impertinente?

LE MARQUIS.

Cela est vrai.

CLIMÈNE.

Assurément.

ÉLISE.

Il a raison.

LYSIDAS.

Arnolphe ne donne-t-il pas trop librement son argent

## SCÈNE VII.

à Horace? Et puisque c'est le personnage ridicule de la pièce, falloit-il lui faire faire l'action d'un honnête homme?

LE MARQUIS.

Bon. La remarque est encore bonne.

CLIMÈNE.

Admirable.

ÉLISE.

Merveilleuse.

LYSIDAS.

Le sermon et les maximes ne sont-elles pas des choses ridicules, et qui choquent même le respect que l'on doit à nos mystères?

LE MARQUIS.

C'est bien dit.

CLIMÈNE.

Voilà parler comme il faut.

ÉLISE.

Il ne se peut rien de mieux.

LYSIDAS.

Et ce monsieur de La Souche, enfin, qu'on nous fait un homme d'esprit, et qui paroît si sérieux en tant d'endroits, ne descend-il point dans quelque chose de trop comique et de trop outré au cinquième acte, lorsqu'il explique à Agnès la violence de son amour avec ces roulements d'yeux extravagants, ces soupirs ridicules, et ces larmes niaises qui font rire tout le monde?

LE MARQUIS.

Morbleu! merveille!

CLIMÈNE.

Miracle!

ÉLISE.

*Vivat* monsieur Lysidas!

LYSIDAS.

Je laisse cent mille autres choses, de peur d'être ennuyeux.

LE MARQUIS.

Parbleu! chevalier, te voilà mal ajusté.

DORANTE.

Il faut voir.

LE MARQUIS.

Tu as trouvé ton homme.

DORANTE.

Peut-être.

LE MARQUIS.

Réponds, réponds, réponds, réponds

DORANTE.

Volontiers. Il...

LE MARQUIS.

Réponds donc, je te prie.

DORANTE.

Laisse-moi donc faire. Si...

LE MARQUIS.

Parbleu! je te défie de répondre.

DORANTE.

Oui, si tu parles toujours.

CLIMÈNE.

De grace, écoutons ses raisons.

DORANTE.

Premièrement, il n'est pas vrai de dire que toute la pièce n'est qu'en récits. On y voit beaucoup d'actions qui se passent sur la scène : et les récits eux-mêmes y sont des actions, suivant la constitution du sujet; d'autant qu'ils sont tous faits innocemment, ces récits, à la personne intéressée, qui, par-là, entre à tous coups dans une confusion à réjouir les spectateurs, et prend, à chaque nouvelle, toutes les mesures qu'il peut pour se parer du malheur qu'il craint.

### URANIE.

Pour moi, je trouve que la beauté du sujet de l'École des Femmes consiste dans cette confidence perpétuelle; et ce qui me paroît assez plaisant, c'est qu'un homme qui a de l'esprit, et qui est averti de tout par une innocente qui est sa maîtresse, et par un étourdi qui est son rival, ne puisse avec cela éviter ce qui lui arrive.

### LE MARQUIS.

Bagatelle, bagatelle.

### CLIMÈNE.

Foible réponse.

### ÉLISE.

Mauvaises raisons.

### DORANTE.

Pour ce qui est des *enfants par l'oreille*, ils ne sont plaisants que par réflexion à Arnolphe; et l'auteur n'a pas mis cela pour être de soi un bon mot, mais seulement pour une chose qui caractérise l'homme, et peint d'autant mieux son extravagance, puisqu'il rapporte une sottise triviale qu'a dite Agnès, comme la chose la plus belle du monde, et qui lui donne une joie inconcevable.

### LE MARQUIS.

C'est mal répondre.

CLIMÈNE.

Cela ne satisfait point.

ÉLISE.

C'est ne rien dire.

DORANTE.

Quant à l'argent qu'il donne librement, outre que la lettre de son meilleur ami lui est une caution suffisante, il n'est pas incompatible qu'une personne soit ridicule en de certaines choses et honnête homme en d'autres. Et, pour la scène d'Alain et de Georgette dans le logis, que quelques-uns ont trouvée longue et froide, il est certain qu'elle n'est pas sans raison ; et de même qu'Arnolphe se trouve attrapé pendant son voyage par la pure innocence de sa maîtresse, il demeure au retour long-temps à sa porte par l'innocence de ses valets, afin qu'il soit partout puni par les choses qu'il a cru faire la sûreté de ses précautions.

LE MARQUIS.

Voilà des raisons qui ne valent rien.

CLIMÈNE.

Tout cela ne fait que blanchir.

ÉLISE.

Cela fait pitié.

DORANTE.

Pour le discours moral que vous appelez un sermon, il est certain que de vrais dévots qui l'ont ouï, n'ont pas trouvé qu'il choquât ce que vous dites ; et sans doute que ces paroles d'*enfer* et de *chaudières bouillantes* sont assez justifiées par l'extravagance d'Arnolphe et par l'innocence de celle à qui il parle. Et quant au transport amoureux du cinquième acte, qu'on accuse d'être trop outré et trop comique, je voudrois bien savoir si ce n'est pas faire la satire des amants, et si les honnêtes gens mêmes et les plus sérieux, en de pareilles occasions, ne font pas des choses...

LE MARQUIS.

Ma foi, chevalier, tu ferois mieux de te taire.

DORANTE.

Fort bien. Mais enfin, si nous nous regardions nous-mêmes quand nous sommes bien amoureux...

LE MARQUIS.

Je ne veux pas seulement t'écouter.

DORANTE.

Écoute-moi si tu veux. Est-ce que dans la violence de la passion...?

LE MARQUIS.

La, la, la, la, lare, la, la, la, la, la.
(Il chante.)

DORANTE.

Quoi!

LE MARQUIS.

La, la, la, lare, la, la, la, la, la, la.

DORANTE.

Je ne sais pas si...

LE MARQUIS.

La, la, la, la, lare, la, la, la, la, la, la.

URANIE.

Il me semble que...

LE MARQUIS.

La, la, la, lare, la, la, la, la, la, la, la, la, la.

5.

## URANIE.

Il se passe des choses assez plaisantes dans notre dispute. Je trouve qu'on en pourroit bien faire une petite comédie, et que cela ne seroit pas trop mal à la queue de *l'École des Femmes.*

## DORANTE.

Vous avez raison.

## LE MARQUIS.

Parbleu! chevalier, tu jouerois là-dedans un rôle qui ne te seroit pas avantageux.

## DORANTE.

Il est vrai, marquis.

## CLIMÈNE.

Pour moi, je souhaiterois que cela se fît, pourvu qu'on traitât l'affaire comme elle s'est passée.

## ÉLISE.

Et moi, je fournirois de bon cœur mon personnage.

## LYSIDAS.

Je ne refuserois pas le mien, que je pense.

## URANIE.

Puisque chacun en seroit content, chevalier, faites un mémoire de tout, et le donnez à Molière, que vous connoissez, pour le mettre en comédie.

## CLIMÈNE.

Il n'auroit garde, sans doute, et ce ne seroit pas des vers à sa louange.

## URANIE.

Point, point : je connois son humeur; il ne se soucie pas qu'on fronde ses pièces, pourvu qu'il y vienne du monde.

#### DORANTE.

Oui : mais quel dénouement pourroit-il trouver à ceci? car il ne sauroit y avoir ni mariage ni reconnoissance, et je ne sais point par où l'on pourroit faire finir la dispute.

#### URANIE.

Il faudroit rêver à quelque incident pour cela.

## SCÈNE VIII.

### CLIMÈNE, URANIE, ÉLISE, DORANTE, LE MARQUIS, LYSIDAS, GALOPIN.

#### GALOPIN.

Madame, on a servi sur table.

#### DORANTE.

Ah! voilà justement ce qu'il faut pour le dénouement que nous cherchions, et l'on ne peut rien trouver de plus naturel. On disputera fort et ferme de part et d'autre, comme nous avons fait, sans que personne se rende; un petit laquais viendra dire qu'on a servi, on se levera, et chacun ira souper.

#### URANIE.

La comédie ne peut pas mieux finir, et nous ferons bien d'en demeurer là.

FIN DE LA CRITIQUE DE L'ÉCOLE DES FEMMES.

# L'IMPROMPTU

## DE VERSAILLES,

### COMÉDIE

#### EN UN ACTE ET EN PROSE,

Représentée à Versailles le 14 octobre 1663; et à Paris, sur le théâtre du Palais-Royal, le 4 novembre de la même année.

# REMERCIEMENT

## AU ROI.

Votre paresse enfin me scandalise,
  Ma muse, obéissez-moi :
Il faut ce matin, sans remise,
  Aller au lever du roi :
    Vous savez bien pourquoi ;
    Et ce vous est une honte
    De n'avoir pas été plus prompte
A le remercier de ses fameux bienfaits.
    Mais il vaut mieux tard que jamais :
    Faites donc votre compte
D'aller au Louvre accomplir mes souhaits.
Gardez-vous bien d'être en muse bâtie ;
  Un air de muse est choquant dans ces lieux :
On y veut des objets à réjouir les yeux ;
    Vous en devez être avertie ;
  Et vous ferez votre cour beaucoup mieux
  Lorsqu'en marquis vous serez travestie.
Vous savez ce qu'il faut pour paroître marquis ;
  N'oubliez rien de l'air ni des habits ;
Arborez un chapeau chargé de trente plumes
    Sur une perruque de prix ;
  Que le rabat soit des plus grands volumes,

Et le pourpoint des plus petits :
Mais surtout je vous recommande
Le manteau d'un ruban sur le dos retroussé,
La galanterie en est grande ;
Et parmi les marquis de la plus haute bande
C'est pour être placé,
Avec vos brillantes hardes
Et votre ajustement,
Faites tout le trajet de la salle des gardes.
Et, vous peignant galamment,
Portez de tous côtés vos regards brusquement ;
Et ceux que vous pourrez connoître,
Ne manquez pas, d'un haut ton,
De les saluer par leur nom,
De quelque rang qu'ils puissent être.
Cette familiarité
Donne à quiconque en use un air de qualité.
Grattez du peigne à la porte
De la chambre du roi ;
Ou si, comme je prévoi,
La presse s'y trouve forte,
Montrez de loin votre chapeau,
Ou montez sur quelque chose
Pour faire voir votre museau ;
Et criez, sans aucune pause,
D'un ton rien moins que naturel :
Monsieur l'huissier, pour le marquis un tel.
Jetez-vous dans la foule, et tranchez du notable ;
Coudoyez un chacun ; point du tout de quartier ;
Pressez, poussez, faites le diable
Pour vous mettre le premier ;

Et quand même l'huissier,
A vos desirs inexorable,
Vous trouveroit en face un marquis repoussable,
Ne démordez point pour cela,
Tenez toujours ferme là ;
A déboucher la porte il iroit trop du vôtre ;
Faites qu'aucun n'y puisse pénétrer,
Et qu'on soit obligé de vous laisser entrer
Pour faire entrer quelque autre.
Quand vous serez entré, ne vous relâchez pas;
Pour assiéger la chaise il faut d'autres combats :
Tâchez d'en être des plus proches,
En y gagnant le terrain pas à pas ;
Et, si des assiégeants le prévenant amas
En bouche toutes les approches,
Prenez le parti doucement
D'attendre le prince au passage ;
Il connoîtra votre visage
Malgré votre déguisement,
Et lors, sans tarder davantage,
Faites-lui votre compliment.
Vous pourriez aisément l'étendre,
Et parler des transports qu'en vous font éclater
Les surprenants bienfaits que, sans les mériter,
Sa libérale main sur vous daigne répandre,
Et des nouveaux efforts où s'en va vous poretr
L'excès de cet honneur où vous n'osiez prétendre :
Lui dire comme vos desirs
Sont, après ses bontés qui n'ont point de pareilles,
D'employer à sa gloire, ainsi qu'à ses plaisirs,
Tout votre art et toutes vos veilles,

Et là-dessus lui promettre merveilles.
Sur ce chapitre on n'est jamais à sec :
Les muses sont de grandes prometteuses ;
 Et, comme vos sœurs les causeuses,
Vous ne manquerez pas, sans doute, par le bec.
 Mais les grands princes n'aiment guères
 Que les complimens qui sont courts ;
Et le nôtre surtout a bien d'autres affaires
 Que d'écouter tous vos discours.
La louange et l'encens n'est pas ce qui le touche :
 Dès que vous ouvrirez la bouche
 Pour lui parler de grace et de bienfait,
Il comprendra d'abord ce que vous voulez dire ;
 Et, se mettant doucement à sourire
D'un air qui sur les cœurs fait un charmant effet,
 Il passera comme un trait,
 Et cela vous doit suffire.
 Voilà votre compliment fait.

## PERSONNAGES.

MOLIÈRE, marquis ridicule.
BRÉCOURT, homme de qualité.
LA GRANGE, marquis ridicule.
DU CROISY, poète
Mademoiselle DUPARC, marquise façonnière.
Mademoiselle BÉJART, prude.
Mademoiselle DE BRIE, sage coquette.
Mademoiselle MOLIÈRE, satirique spirituelle.
Mademoiselle DU CROISY, peste doucereuse.
Mademoiselle HERVÉ, servante précieuse.
LA THORILLIÈRE, marquis fâcheux.
BÉJART, homme qui fait le nécessaire.
QUATRE NÉCESSAIRES.

La scène est à Versailles, dans l'antichambre du roi.

# L'IMPROMPTU
## DE VERSAILLES.

## SCÈNE PREMIÈRE.

MOLIÈRE, BRÉCOURT, LA GRANGE, DU CROISY, MESDEMOISELLES DU PARC, BÉJART, DE BRIE, MOLIÈRE, DU CROISY, HERVÉ.

MOLIÈRE, *seul, parlant à ses camarades qui sont derrière le théâtre.*

Allons donc, messieurs et mesdames, vous moquez-vous avec votre longueur? et ne voulez-vous pas tous venir ici? La peste soit des gens! Holà, ho, monsieur de Brécourt.

BRÉCOURT, *derrière le théâtre.*

Quoi?

MOLIÈRE.

Monsieur de La Grange.

LA GRANGE, *derrière le théâtre.*

Qu'est-ce?

MOLIÈRE.

Monsieur du Croisy.

DU CROISY, *derrière le théâtre.*

Plaît-il?

MOLIÈRE.

Mademoiselle du Parc.

MADEMOISELLE DU PARC, derrière le théâtre.

Hé bien?

MOLIÈRE.

Mademoiselle Béjart.

MADEMOISELLE BÉJART, derrière le théâtre.

Qu'y a-t-il?

MOLIÈRE.

Mademoiselle de Brie.

MADEMOISELLE DE BRIE, derrière le théâtre.

Que veut-on?

MOLIÈRE.

Mademoiselle du Croisy.

MADEMOISELLE DU CROISY, derrière le théâtre.

Qu'est-ce que c'est?

MOLIÈRE.

Mademoiselle Hervé.

MADEMOISELLE HERVÉ, derrière le théâtre.

On y va.

MOLIÈRE.

Je crois que je deviendrai fou avec tous ces gens-ci. Hé!

(Brécourt, La Grange, Du Croisy, entrent.)

Têtebleu! messieurs, me voulez-vous faire enrager aujourd'hui?

BRÉCOURT.

Que voulez-vous qu'on fasse? Nous ne savons pas nos rôles; et c'est nous faire enrager vous-même que de nous obliger à jouer de la sorte.

## SCÈNE I.

MOLIÈRE.

Ah! les étranges animaux à conduire que des comédiens!

(Mesdemoiselles Béjart, du Parc, de Brie, Molière, du Croisy et Hervé, arrivent.)

MADEMOISELLE BÉJART.

Hé bien! nous voilà. Que prétendez-vous faire?

MADEMOISELLE DU PARC.

Quelle est votre pensée?

MADEMOISELLE DE BRIE.

De quoi est-il question?

MOLIÈRE.

De grace, mettons-nous ici; et puisque nous voilà tous habillés, et que le roi ne doit venir de deux heures, employons ce temps à répéter notre affaire, et voir la manière dont il faut jouer les choses.

LA GRANGE.

Le moyen de jouer ce qu'on ne sait pas?

MADEMOISELLE DU PARC.

Pour moi, je vous déclare que je ne me souviens pas d'un mot de mon personnage.

MADEMOISELLE DE BRIE.

Je sais bien qu'il me faudra souffler le mien d'un bout à l'autre.

MADEMOISELLE BÉJART.

Et moi, je me prépare fort à tenir mon rôle à la main.

MADEMOISELLE MOLIÈRE.

Et moi aussi.

MADEMOISELLE HERVÉ.

Pour moi, je n'ai pas grand'chose à dire.

MADEMOISELLE DU CROISY.

Ni moi non plus : mais, avec cela, je ne répondrois pas de ne point manquer.

DU CROISY.

J'en voudrois être quitte pour dix pistoles.

BRÉCOURT.

Et moi, pour vingt bons coups de fouet, je vous assure.

MOLIÈRE.

Vous voilà tous bien malades d'avoir un méchant rôle à jouer ! Et que feriez-vous donc si vous étiez à ma place ?

MADEMOISELLE BÉJART.

Qui ? vous ? Vous n'êtes pas à plaindre ; car ayant fait la pièce, vous n'avez pas peur d'y manquer.

MOLIÈRE.

Et n'ai-je à craindre que le manquement de mémoire ? Ne comptez-vous pour rien l'inquiétude d'un succès qui ne regarde que moi seul ? Et pensez-vous que ce soit une petite affaire que d'exposer quelque chose de comique devant une assemblée comme celle-ci, que d'entreprendre de faire rire des personnes qui nous impriment le respect, et ne rient que quand elles veulent ? Est-il auteur qui ne doive trembler lorsqu'il en vient à cette épreuve, et n'est-ce pas à moi de dire que je voudrois en être quitte pour toutes les choses du monde ?

MADEMOISELLE BÉJART.

Si cela vous faisoit trembler, vous prendriez mieux vos précautions, et n'auriez pas entrepris en huit jours ce que vous avez fait.

MOLIÈRE.

Le moyen de m'en défendre quand un roi me l'a commandé ?

###### MADEMOISELLE BÉJART.

Le moyen? une respectueuse excuse fondée sur l'impossibilité de la chose dans le peu de temps qu'on vous donne; et tout autre en votre place ménageroit mieux sa réputation, et se seroit bien gardé de se commettre comme vous faites. Où en serez-vous, je vous prie, si l'affaire réussit mal? et quel avantage pensez-vous qu'en prendront tous vos ennemis?

###### MADEMOISELLE DE BRIE.

En effet, il falloit s'excuser avec respect euvers le roi, ou demander du temps davantage.

###### MOLIÈRE.

Mon dieu! mademoiselle, les rois n'aiment rien tant qu'une prompte obéissance, et ne se plaisent point du tout à trouver des obstacles. Les choses ne sont bonnes que dans le temps qu'ils les souhaitent; et leur en vouloir reculer le divertissement, est en ôter pour eux toute la grace. Ils veulent des plaisirs qui ne se fassent point attendre, et les moins préparés leur sont toujours les plus agréables. Nous ne devons jamais nous regarder dans ce qu'ils desirent de nous; nous ne sommes que pour leur plaire; et lorsqu'ils nous ordonnent quelque chose, c'est à nous à profiter vite de l'envie où ils sont. Il vaut mieux s'acquitter mal de ce qu'ils nous demandent, que de ne s'en acquitter pas assez tôt; et, si l'on a la honte de n'avoir pas bien réussi, on a toujours la gloire d'avoir obéi vite à leurs commandements. Mais songeons à répéter, s'il vous plait.

###### MADEMOISELLE BÉJART.

Comment prétendez-vous que nous fassions, si nous ne savons pas nos rôles?

#### MOLIÈRE.

Vous les saurez, vous dis-je; et, quand même vous ne les sauriez pas tout-à-fait, pouvez-vous pas y suppléer de votre esprit, puisque c'est de la prose, et que vous savez votre sujet?

#### MADEMOISELLE BÉJART.

Je suis votre servante: la prose est pis encore que les vers.

#### MADEMOISELLE MOLIÈRE.

Voulez-vous que je vous dise? vous deviez faire une comédie où vous auriez joué tout seul.

#### MOLIÈRE.

Taisez-vous, ma femme, vous êtes une bête.

#### MADEMOISELLE MOLIÈRE.

Grand merci, monsieur mon mari. Voilà ce que c'est! Le mariage change bien les gens; et vous ne m'auriez pas dit cela il y a dix-huit mois.

#### MOLIÈRE.

Taisez-vous, je vous prie.

#### MADEMOISELLE MOLIÈRE.

C'est une chose étrange, qu'une petite cérémonie soit capable de nous ôter toutes nos belles qualités, et qu'un mari et un galant regardent la même personne avec des yeux si différents!

#### MOLIÈRE.

Que de discours!

#### MADEMOISELLE MOLIÈRE.

Ma foi, si je faisois une comédie, je la ferois sur ce sujet. Je justifierois les femmes de bien des choses dont on les accuse; et je ferois craindre aux maris la diffé-

## SCÈNE I.

rence qu'il y a de leurs manières brusques aux civilités des galants.

MOLIÈRE.

Ah! laissons cela. Il n'est pas question de causer maintenant, nous avons autre chose à faire.

MADEMOISELLE BÉJART.

Mais, puisqu'on vous a commandé de travailler sur le sujet de la critique qu'on a faite contre vous, que n'avez-vous fait cette comédie des comédiens dont vous nous avez parlé il y a long-temps? C'étoit une affaire toute trouvée, et qui venoit fort bien à la chose; et d'autant mieux, qu'ayant entrepris de vous peindre, ils vous ouvroient l'occasion de les peindre aussi, et que cela auroit pu s'appeler leur portrait, à bien plus juste titre que tout ce qu'ils ont fait ne peut être appelé le vôtre; car vouloir contrefaire un comédien dans un rôle comique, ce n'est pas le peindre lui-même, c'est peindre d'après lui les personnages qu'il représente, et se servir des mêmes traits et des mêmes couleurs qu'il est obligé d'employer aux différents tableaux des caractères ridicules qu'il imite d'après nature; mais contrefaire un comédien dans des rôles sérieux, c'est le peindre par des défauts qui sont entièrement de lui, puisque ces sortes de personnages ne veulent ni les gestes ni les tons de voix ridicules dans lesquels on le reconnoît.

MOLIÈRE.

Il est vrai: mais j'ai mes raisons pour ne le pas faire; et je n'ai pas cru, entre nous, que la chose en valût la peine. Et puis, il falloit plus de temps pour exécuter cette idée. Comme leurs jours de comédie sont les mêmes que les nôtres, à peine ai-je été les voir trois ou quatre fois depuis que nous sommes à Paris : je n'ai attrapé de leur manière de réciter que ce qui m'a d'abord sauté aux yeux, et j'aurois eu besoin de les étudier davantage pour faire des portraits bien ressemblants.

MADEMOISELLE DU PARC.

Pour moi, j'en ai reconnu quelques-uns dans votre bouche.

MADEMOISELLE DE BRIE.

Je n'ai jamais ouï parler de cela.

MOLIÈRE.

C'est une idée qui m'avoit passé une fois par la tête, et que j'ai laissée là comme une bagatelle, une badinerie, qui peut-être n'auroit pas fait rire.

MADEMOISELLE DE BRIE.

Dites-la-moi un peu, puisque vous l'avez dite aux autres.

MOLIÈRE.

Nous n'avons pas le temps maintenant.

MADEMOISELLE DE BRIE.

Seulement deux mots.

MOLIÈRE.

J'avois songé une comédie où il y auroit eu un poète, que j'aurois représenté moi-même, qui seroit venu pour offrir une pièce à une troupe de comédiens nouvellement arrivés de campagne. Avez-vous, auroit-il dit, des acteurs et des actrices qui soient capables de bien faire valoir un ouvrage ? car ma pièce est une pièce... Hé ! monsieur, auroient répondu les comédiens, nous avons des hommes et des femmes qui ont été trouvés raisonnables partout où nous avons passé. Et qui fait les rois

parmi vous ? Voilà un acteur qui s'en démêle parfois.
Qui ? ce jeune homme bien fait ? Vous moquez-vous ? il
faut un roi qui soit gros et gras comme quatre ; un roi,
morbleu ! qui soit entripaillé comme il faut ; un roi d'une
vaste circonférence, et qui puisse remplir un trône de
la belle manière. La belle chose qu'un roi d'une taille
galante ! Voila déja un grand défaut. Mais que je l'entende un peu réciter une douzaine de vers. Là-dessus le
comédien auroit récité, par exemple, quelques vers du
roi de *Nicomède*,

> Te le dirai-je, Araspe ? il m'a trop bien servi,
> Augmentant mon pouvoir...

le plus naturellement qu'il lui auroit été possible. Et le
poète : Comment ! vous appelez cela réciter ? C'est se railler ; il faut dire les choses avec emphase. Écoutez-moi ?

(Il contrefait Montfleury, comédien de l'hôtel de Bourgogne.)

> Te le dirai-je, Araspe...? etc.

Voyez-vous cette posture ? Remarquez bien cela. Là,
appuyez comme il faut le dernier vers. Voilà ce qui attire l'approbation et fait faire le brouhaha. Mais, monsieur, auroit répondu le comédien, il me semble qu'un
roi qui s'entretient tout seul avec son capitaine des
gardes, parle un peu plus humainement, et ne prend
guère ce ton de démoniaque. Vous ne savez ce que c'est :
allez-vous-en réciter comme vous faites, vous verrez si
vous ferez faire aucun ah ! Voyons un peu une scène
d'amant et d'amante. Là-dessus une comédienne et un

comédien auroient fait une scène ensemble, qui est celle de Camille et de Curiace,

> Iras-tu, ma chère ame? et ce funeste honneur
> Te plaît-il aux dépens de tout notre bonheur?
> Hélas! je vois trop bien... etc.

tout de même que l'autre, et le plus naturellement qu'ils auroient pu. Et le poète aussitôt : Vous vous moquez: vous ne faites rien qui vaille; et voici comme il faut réciter cela.

(Il imite mademoiselle de Beauchâteau, comédienne de l'hôtel de Bourgogne.)

> Iras-tu, ma chère ame...
> Non, je te connois mieux... etc.

Voyez-vous comme cela est naturel et passionné? Admirez ce visage riant qu'elle conserve dans les plus grandes afflictions. Enfin voilà l'idée. Et il auroit parcouru de même tous les acteurs et toutes les actrices.

MADEMOISELLE DE BRIE.

Je trouve cette idée assez plaisante, et j'en ai reconnu là dès le premier vers. Continuez, je vous prie.

MOLIÈRE, imitant Beauchâteau, comédien de l'hôtel de Bourgogne, dans les stances du Cid.

> Percé jusques au fond du cœur, etc.

Et celui-ci, le reconnoîtrez-vous bien, dans Pompée de Sertorius?

(Il contrefait Hauteroche, comédien de l'hôtel de Bourgogne.)

> L'inimitié qui règne entre les deux partis
> N'y rend pas de l'honneur, etc.

## SCÈNE I.

MADEMOISELLE DE BRIE.

Je le reconnois un peu, je pense.

MOLIÈRE.

Et celui-ci?

(Imitant de Villiers, comédien de l'hôtel de Bourgogne.)

Seigneur, Polybe est mort, etc.

MADEMOISELLE DE BRIE.

Oui, je sais qui c'est. Mais il y en a quelques-uns d'entre eux, je crois, que vous auriez peine à contrefaire.

MOLIÈRE.

Mon dieu! il n'y en a point qu'on ne pût attraper par quelque endroit, si je les avois bien étudiés. Mais vous me faites perdre un temps qui nous est cher: songeons à nous, de grace, et ne nous amusons pas davantage à discourir. Vous (à La Grange), prenez garde à bien représenter avec moi votre rôle de marquis.

MADEMOISELLE MOLIÈRE.

Toujours des marquis!

MOLIÈRE.

Oui, toujours des marquis. Que diable voulez-vous qu'on prenne pour un caractère agréable de théâtre? Le marquis aujourd'hui est le plaisant de la comédie: et comme, dans toutes les comédies anciennes, on voit toujours un valet bouffon qui fait rire les auditeurs, de même, dans toutes nos pièces de maintenant, il faut toujours un marquis ridicule qui divertisse la compagnie.

MADEMOISELLE BÉJART.

Il est vrai, on ne s'en sauroit passer.

####### MOLIÈRE.

Pour vous, mademoiselle...

####### MADEMOISELLE DU PARC.

Mon dieu! pour moi, je m'acquitterai fort mal de mon personnage, et je ne sais pas pourquoi vous m'avez donné ce rôle de façonnière.

####### MOLIÈRE.

Mon dieu! mademoiselle, voilà comme vous disiez lorsque l'on vous donna celui de la Critique de l'École des Femmes : cependant vous vous en êtes acquittée à merveille; et tout le monde est demeuré d'accord qu'on ne peut pas mieux faire que vous avez fait. Croyez-moi, celui-ci sera de même, et vous le jouerez mieux que vous ne pensez.

####### MADEMOISELLE DU PARC.

Comment cela se pourroit-il faire? car il n'y a point de personne au monde qui soit moins façonnière que moi.

####### MOLIÈRE.

Cela est vrai; et c'est en quoi vous faites mieux voir que vous êtes une excellente comédienne, de bien représenter un personnage qui est si contraire à votre humeur. Tâchez donc de bien prendre, tous, le caractère de vos rôles, et de vous figurer que vous êtes ce que vous représentez.

(A du Croisy.)

Vous faites le poète, vous; et vous devez vous remplir de ce personnage, marquer cet air pédant qui se conserve parmi le commerce du beau monde, ce ton de voix sentencieux, et cette exactitude de prononciation qui appuie sur toutes les syllabes et ne laisse échapper aucune lettre de la plus sévère orthographe.

(A Brécourt.)

Pour vous, vous faites un honnête homme de cour, comme vous avez déja fait dans la Critique de l'École des Femmes; c'est-à-dire que vous devez prendre un air posé, un ton de voix naturel, et gesticuler le moins qu'il vous sera possible.

(A La Grange.)

Pour vous, je n'ai rien à vous dire.

(A mademoiselle Béjart.)

Vous, vous représentez une de ces femmes qui, pourvu qu'elles ne fassent point l'amour, croient que tout le reste leur est permis; de ces femmes qui se retranchent toujours fièrement sur leur pruderie, regardent un chacun de haut en bas, et veulent que toutes les plus belles qualités que possèdent les autres ne soient rien en comparaison d'un misérable honneur dont personne ne se soucie. Ayez toujours ce caractère devant les yeux pour en bien faire les grimaces.

(A mademoiselle de Brie.)

Pour vous, vous faites une de ces femmes qui pensent être les plus vertueuses personnes du monde, pourvu qu'elles sauvent les apparences; de ces femmes qui croient que le péché n'est que dans le scandale, qui veulent conduire doucement les affaires qu'elles ont sur le pied d'attachement honnête, et appellent amis ce que les autres nomment galants. Entrez bien dans ce caractère.

(A mademoiselle Molière.)

Vous, vous faites le même personnage que dans la Critique, et je n'ai rien à vous dire, non plus qu'à mademoiselle du Parc.

(A mademoiselle du Croisy.)

Pour vous, vous représentez une de ces personnes qui prêtent doucement des charités à tout le monde, de ces femmes qui donnent toujours le petit coup de langue en passant, et seroient bien fâchées d'avoir souffert qu'on eût dit du bien du prochain. Je crois que vous ne vous acquitterez pas mal de ce rôle.

(A mademoiselle Hervé.)

Et pour vous, vous êtes la soubrette de la précieuse, qui se mêle de temps en temps dans la conversation, et attrape comme elle peut tous les termes de sa maîtresse. Je vous dis tous vos caractères, afin que vous vous les imprimiez fortement dans l'esprit. Commençons maintenant à répéter, et voyons comme cela ira. Ah! voici justement un fâcheux! Il ne nous falloit plus que cela.

## SCÈNE II.

LA THORILLIÈRE, MOLIÈRE, BRÉCOURT, LA GRANGE, DU CROISY; MESDEMOISELLES DU PARC, BÉJART, DE BRIE, MOLIÈRE, DU CROISY, HERVÉ.

LA THORILLIÈRE.

Bonjour, monsieur Molière.

## SCÈNE II.

MOLIÈRE.

Monsieur, votre serviteur. (A part.) La peste soit de l'homme!

LA THORILLIÈRE.

Comment vous en va?

MOLIÈRE.

Fort bien, pour vous servir. (Aux actrices.) Mesdemoiselles, ne...

LA THORILLIÈRE.

Je viens d'un lieu où j'ai bien dit du bien de vous...

MOLIÈRE.

Je vous suis obligé. (A part.) Que le diable t'emporte! (Aux acteurs.) Ayez un peu soin...

LA THORILLIÈRE.

Vous jouez une pièce nouvelle aujourd'hui?

MOLIÈRE.

Oui, monsieur. (Aux actrices.) N'oubliez pas...

LA THORILLIÈRE.

C'est le roi qui vous l'a fait faire?

MOLIÈRE.

Oui, monsieur. (Aux acteurs.) De grace, songez...

LA THORILLIÈRE.

Comment l'appelez-vous?

MOLIÈRE.

Oui, monsieur.

LA THORILLIÈRE.

Je vous demande comment vous la nommez.

MOLIÈRE.

Ah! ma foi, je ne sais. (Aux actrices.) Il faut, s'il vous plait, que vous...

LA THORILLIÈRE.

Comment serez-vous habillés?

MOLIÈRE.

Comme vous voyez. (Aux acteurs.) Je vous prie...

LA THORILLIÈRE.

Quand commencerez-vous?

MOLIÈRE.

Quand le roi sera venu. (A part.) Au diantre le questionneur!

LA THORILLIÈRE.

Quand croyez-vous qu'il vienne?

MOLIÈRE.

La peste m'étouffe, monsieur, si je le sais!

LA THORILLIÈRE.

Savez-vous point...?

MOLIÈRE.

Tenez, monsieur, je suis le plus ignorant homme du monde. Je ne sais rien de tout ce que vous pourrez me demander, je vous jure. (A part.) J'enrage! Ce bourreau vient avec un air tranquille vous faire des questions, et ne se soucie pas qu'on ait en tête d'autres affaires.

LA THORILLIÈRE.

Mesdemoiselles, votre serviteur.

MOLIÈRE.

Ah! bon! le voilà d'un autre côté.

LA THORILLIÈRE, à mademoiselle du Croisy.

Vous voilà belle comme un petit ange. Jouez-vous toutes deux aujourd'hui? (En regardant mademoiselle Hervé.)

MADEMOISELLE DU CROISY.

Oui, monsieur.

## SCÈNE II.

LA THORILLIÈRE.

Sans vous la comédie ne vaudroit pas grand'chose.

MOLIÈRE, bas, aux actrices.

Vous ne voulez pas faire en aller cet homme-là?

MADEMOISELLE DE BRIE, à La Thorillière.

Monsieur, nous avons ici quelque chose à répéter ensemble.

LA THORILLIÈRE.

Ah! parbleu! je ne veux pas vous empêcher; vous n'avez qu'à poursuivre.

MADEMOISELLE DE BRIE.

Mais...

LA THORILLIÈRE.

Non, non; je serois fâché d'incommoder personne. Faites librement ce que vous avez à faire.

MADEMOISELLE DE BRIE.

Oui; mais...

LA THORILLIÈRE.

Je suis homme sans cérémonie, vous dis-je; et vous pouvez répéter ce qu'il vous plaira.

MOLIÈRE.

Monsieur, ces demoiselles ont peine à vous dire qu'elles souhaiteroient fort que personne ne fût ici pendant cette répétition.

LA THORILLIÈRE.

Pourquoi? Il n'y a point de danger pour moi.

MOLIÈRE.

Monsieur, c'est une coutume qu'elles observent, et vous aurez plus de plaisir quand les choses vous surprendront.

LA THORILLIÈRE.

Je m'en vais donc dire que vous êtes prêts.

MOLIÈRE.

Point du tout, monsieur; ne vous hâtez pas, de grace.

## SCÈNE III.

MOLIÈRE, BRÉCOURT, LA GRANGE, DU CROISY; MESDEMOISELLES DU PARC, BÉJART, DE BRIE, MOLIÈRE, DU CROISY, HERVÉ.

MOLIÈRE.

Ah! que le monde est plein d'impertinents. Or sus, commençons. Figurez-vous donc premièrement que la scène est dans l'antichambre du roi; car c'est un lieu où il se passe tous les jours des choses assez plaisantes. Il est aisé de faire venir là toutes les personnes qu'on veut, et on peut trouver des raisons même pour y autoriser la venue des femmes que j'introduis. La comédie s'ouvre par deux marquis qui se rencontrent.

(A La Grange.)

Souvenez-vous bien, vous, de venir, comme je vous ai dit, là, avec cet air qu'on nomme le bel air, peignant votre perruque, et grondant une petite chanson entre vos dents: La, la, la, la, la, la, la. Rangez-vous donc, vous autres; car il faut du terrain à deux marquis, et ils ne sont pas gens à tenir leur personne dans un petit espace.

(A La Grange.)

Allons, parlez.

## SCÈNE III.

LA GRANGE.

« Bonjour, marquis. »

MOLIÈRE.

Mon dieu! ce n'est point là le ton d'un marquis : il faut le prendre un peu plus haut; et la plupart de ces messieurs affectent une manière de parler particulière pour se distinguer du commun. « Bonjour, marquis. » Recommencez donc.

LA GRANGE.

« Bonjour, marquis. »

MOLIÈRE.

« Ah! marquis, ton serviteur. »

LA GRANGE.

« Que fais-tu là ? »

MOLIÈRE.

« Parbleu! tu vois; j'attends que tous ces messieurs
« aient débouché la porte pour présenter là mon visage. »

LA GRANGE.

« Têtebleu! quelle foule! Je n'ai garde de m'y aller
« frotter, et j'aime bien mieux entrer des derniers. »

MOLIÈRE.

« Il y a là vingt gens qui sont fort assurés de n'entrer
« point, et qui ne laissent pas de se presser et d'occuper
« toutes les avenues de la porte. »

LA GRANGE.

« Crions nos deux noms à l'huissier, afin qu'il nous
« appelle. »

MOLIÈRE.

« Cela est bon pour toi; mais, pour moi, je ne veux
« pas être joué par Molière. »

LA GRANGE.

« Je pense pourtant, marquis, que c'est toi qu'il joue
« dans la Critique. »

MOLIÈRE.

« Moi ? Je suis ton valet; c'est toi-même en propre
« personne. »

LA GRANGE.

« Ah! ma foi, tu es bon de m'appliquer ton person-
« nage. »

MOLIÈRE.

« Parbleu! je te trouve plaisant de me donner ce qui
« t'appartient. »

LA GRANGE, riant.

« Ah, ah, ah! Cela est drôle. »

MOLIÈRE, riant.

« Ah, ah, ah! Cela est bouffon. »

LA GRANGE.

« Quoi! tu veux soutenir que ce n'est pas toi qu'on
« joue dans le marquis de la Critique? »

MOLIÈRE.

« Il est vrai: c'est moi. *Détestable, morbleu! détes-*
« *table; tarte à la crème.* C'est moi, c'est moi, assurément,
« c'est moi. »

LA GRANGE.

« Oui, parbleu! c'est toi! tu n'as que faire de railler; et,
« si tu veux, nous gagerons, et verrons qui a raison des
« deux. »

MOLIÈRE.

« Et que veux-tu gager encore ? »

## SCÈNE III.

LA GRANGE.

« Je gage cent pistoles que c'est toi. »

MOLIÈRE.

« Et moi, cent pistoles que c'est toi. »

LA GRANGE.

« Cent pistoles comptant. »

MOLIÈRE.

« Comptant. Quatre-vingt-dix pistoles sur Amyntas, « et dix pistoles comptant. »

LA GRANGE.

« Je le veux. »

MOLIÈRE.

« Cela est fait. »

LA GRANGE.

« Ton argent court grand risque. »

MOLIÈRE.

« Le tien est bien aventuré. »

LA GRANGE.

« A qui nous en rapporter. »

MOLIÈRE.

« Voici un homme qui nous jugera. ( A Brécourt. ) Che-« valier. »

BRÉCOURT.

« Quoi ? »

MOLIÈRE.

Bon! voilà l'autre qui prend le ton de marquis! Vous ai-je pas dit que vous faites un rôle où l'on doit parler naturellement?

BRÉCOURT.

Il est vrai.

MOLIÈRE.

Allons donc. « Chevalier. »

BRÉCOURT.

« Quoi ? »

MOLIÈRE.

« Juge-nous un peu sur une gageure que nous avons
« faite. »

BRÉCOURT.

« Et quelle ? »

MOLIÈRE.

« Nous disputons qui est le marquis de la Critique de
« Molière; il gage que c'est moi; et moi je gage que c'est
« lui. »

BRÉCOURT.

« Et moi, je juge que ce n'est ni l'un ni l'autre. Vous
» êtes fous tous deux de vouloir vous appliquer ces sortes
« de choses; et voilà de quoi j'ouis l'autre jour se plaindre
« Molière, parlant à des personnes qui le chargeoient de
« même chose que vous. Il disoit que rien ne lui donnoit
« du déplaisir comme d'être accusé de regarder quelqu'un
« dans les portraits qu'il fait; que son dessein est de
« peindre les mœurs sans vouloir toucher aux personnes,
« et que tous les personnages qu'il représente sont des
« personnages en l'air, et des fantômes, proprement,
« qu'il habille à sa fantaisie pour réjouir les spectateurs;
« qu'il seroit bien fâché d'y avoir jamais marqué qui que
« ce soit; et que, si quelque chose étoit capable de le dé-
« goûter de faire des comédies, c'étoit les ressemblances
« qu'on y vouloit toujours trouver, et dont ses ennemis
« tâchoient malicieusement d'appuyer la pensée pour lui

« rendre de mauvais offices auprès de certaines personnes
« à qui il n'a jamais pensé. En effet, je trouve qu'il a rai-
« son; car pourquoi vouloir, je vous prie, appliquer tous
« ses gestes et toutes ses paroles, et chercher à lui faire
« des affaires en disant hautement: Il joue un tel, lorsque
« ce sont des choses qui peuvent convenir à cent person-
« nes ? Comme l'affaire de la comédie est de représenter
« en général tous les défauts des hommes, et principale-
« ment des hommes de notre siècle, il est impossible à
« Molière de faire aucun caractère qui ne rencontre quel-
« qu'un dans le monde ; et, s'il faut qu'on l'accuse d'avoir
« songé à toutes les personnes où l'on peut trouver les
« défauts qu'il peint, il faut, sans doute, qu'il ne fasse
« plus de comédies. »

MOLIÈRE.

« Ma foi, chevalier, tu veux justifier Molière, et épar-
« gner notre ami que voilà. »

LA GRANGE.

« Point du tout, c'est toi qu'il épargne ; et nous trou-
« verons d'autres juges. »

MOLIÈRE.

« Soit. Mais dis-moi, chevalier, crois-tu pas que ton
« Molière est épuisé maintenant, et qu'il ne trouvera plus
« de matière pour... ? »

BRÉCOURT.

« Plus de matière! Hé! mon pauvre marquis, nous lui
« en fournirons toujours assez ; et nous ne prenons guère
« le chemin de nous rendre sages, pour tout ce qu'il fait
« et tout ce qu'il dit. »

MOLIÈRE.

Attendez. Il faut marquer davantage tout cet endroit. Écoutez-le-moi dire un peu... « Et qu'il ne trouvera plus « de matière pour... Plus de matière ! Hé ! mon pauvre « marquis, nous lui en fournirons toujours assez ; et nous « ne prenons guère le chemin de nous rendre sages, pour « tout ce qu'il fait et tout ce qu'il dit. Crois-tu qu'il ait « épuisé dans ses comédies tout le ridicule des hommes ? « Eh ! sans sortir de la cour, n'a-t-il pas encore vingt ca- « ractères de gens où il n'a point touché ? N'a-t-il pas, par « exemple, ceux qui se font les plus grandes amitiés du « monde, et qui, le dos tourné, font galanterie de se dé- « chirer l'un l'autre ? N'a-t-il pas ces adulateurs à ou- « trance, ces flatteurs insipides qui n'assaisonnent d'au- « cun sel les louanges qu'ils donnent, et dont toutes les « flatteries ont une douceur fade qui fait mal au cœur à « ceux qui les écoutent ? N'a-t-il pas ces lâches courtisans « de la faveur, ces perfides adorateurs de la fortune, qui « vous encensent dans la prospérité, et vous accablent « dans la disgrace ? N'a-t-il pas ceux qui sont toujours « mécontents de la cour, ces suivants inutiles, ces in- « commodes assidus ; ces gens, dis-je, qui, pour services, « ne peuvent compter que des importunités, et qui veu- « lent qu'on les récompense d'avoir obsédé le prince dix « ans durant ? N'a-t-il pas ceux qui caressent également « tout le monde, qui promènent leurs civilités à droite « et à gauche, et courent à tous ceux qu'ils voient avec « les mêmes embrassades et les mêmes protestations d'a- « mitiés ? Monsieur, votre très-humble serviteur. Mon- « sieur, je suis tout à votre service. Tenez-moi des vô-

## SCÈNE III.

« tres, mon cher. Faites état de moi, monsieur, comme
« du plus chaud de vos amis. Monsieur, je suis ravi de
« vous embrasser. Ah! monsieur, je ne vous voyois pas.
« Faites-moi la grace de m'employer; soyez persuadé
« que je suis entièrement à vous. Vous êtes l'homme du
« monde que je révère le plus. Il n'y a personne que
« j'honore à l'égal de vous. Je vous conjure de le
« croire. Je vous supplie de n'en point douter. Serviteur.
« Très-humble valet. Va, va, marquis, Molière aura tou-
« jours plus de sujets qu'il n'en voudra; et tout ce qu'il
« a touché jusqu'ici n'est rien que bagatelle au prix de
« ce qui reste. »

Voilà à peu près comme cela doit être joué.

BRÉCOURT.

C'est assez.

MOLIÈRE.

Poursuivez.

BRÉCOURT.

« Voici Climène et Élise. »

MOLIÈRE.

( A mesdemoiselles du Parc et Molière. )

Là-dessus, vous arriverez toutes deux.

( A mademoiselle du Parc. )

Prenez bien garde, vous, à vous déhancher comme il faut et à faire bien des façons. Cela vous contraindra un peu; mais qu'y faire? Il faut parfois se faire violence.

MADEMOISELLE MOLIÈRE.

« Certes, madame, je vous ai reconnue de loin; et j'ai
« bien vu, à votre air, que ce ne pouvoit être une autre
« que vous. »

MADEMOISELLE DU PARC.

« Vous voyez, je viens attendre ici la sortie d'un
« homme avec qui j'ai une affaire à démêler. »

MADEMOISELLE MOLIÈRE.

« Et moi de même. »

MOLIÈRE.

Mesdames, voilà des coffres qui vous serviront de fauteuils.

MADEMOISELLE DU PARC.

« Allons, madame, prenez place, s'il vous plaît. «

MADEMOISELLE MOLIÈRE.

« Après vous, madame. »

MOLIÈRE.

Bon. Après ces petites cérémonies muettes, chacun prendra place, et parlera assis, hors les marquis, qui tantôt se lèveront, et tantôt s'asseoiront, suivant leur inquiétude naturelle. « Parbleu! chevalier, tu devrois
« faire prendre médecine à tes canons. »

BRÉCOURT.

« Comment? »

MOLIÈRE.

« Ils se portent fort mal. »

BRÉCOURT.

« Serviteur à la turlupinade. »

MADEMOISELLE MOLIÈRE.

« Mon dieu! madame que je vous trouve le teint d'une
« blancheur éblouissante, et les lèvres d'une couleur de
« feu surprenante! »

MADEMOISELLE DU PARC.

« Ah! que dites-vous là, madame? ne me regardez
« point, je suis du dernier laid aujourd'hui. »

## SCÈNE III.

MADEMOISELLE MOLIÈRE.

« Hé! madame, levez un peu votre coiffe. »

MADEMOISELLE DU PARC.

« Fi! je suis épouvantable, vous dis-je, et je me fais
« peur à moi-même. »

MADEMOISELLE MOLIÈRE.

« Vous êtes si belle! »

MADEMOISELLE DU PARC.

« Point, point. »

MADEMOISELLE MOLIÈRE.

« Montrez-vous. »

MADEMOISELLE DU PARC.

« Ah! fi donc, je vous prie! »

MADEMOISELLE MOLIÈRE.

« De grace. »

MADEMOISELLE DU PARC.

« Mon dieu! non. »

MADEMOISELLE MOLIÈRE.

« Si fait. »

MADEMOISELLE DU PARC.

« Vous me désespérez. »

MADEMOISELLE MOLIÈRE.

« Un moment. »

MADEMOISELLE DU PARC.

« Hai. »

MADEMOISELLE MOLIÈRE.

« Résolument, vous vous montrerez. On ne peut point
« se passer de vous voir. »

MADEMOISELLE DU PARC.

« Mon dieu! que vous êtes une étrange personne!
« Vous voulez furieusement ce que vous voulez. »

###### MADEMOISELLE MOLIÈRE.

« Ah! madame, vous n'avez aucun désavantage à pa-
« roître au grand jour, je vous jure. Les méchantes gens,
« qui assuroient que vous mettiez quelque chose! Vrai-
« ment! je les démentirai bien maintenant. »

###### MADEMOISELLE DU PARC.

« Hélas! je ne sais pas seulement ce qu'on appelle
« mettre quelque chose. Mais où vont ces dames? »

###### MADEMOISELLE DE BRIE.

« Vous voulez bien, mesdames, que nous vous don-
« nions en passant la plus agréable nouvelle du monde.
« Voilà monsieur Lysidas qui vient de nous avertir qu'on
« a fait une pièce contre Molière, que les grands comé-
« diens vont jouer. »

###### MOLIÈRE.

« Il est vrai; on me l'a voulu lire. C'est un nommé
« Br... Brou... Brossaut qui l'a faite. »

###### DU CROISY.

« Monsieur, elle est affichée sous le nom de Boursault;
« mais, à vous dire le secret, bien des gens ont mis la
« main à cet ouvrage, et l'on en doit concevoir une assez
« haute attente. Comme tous les auteurs et tous les co-
« médiens regardent Molière comme leur plus grand
« ennemi, nous nous sommes tous unis pour le desservir.
« Chacun de nous a donné un coup de pinceau à son
« portrait; mais nous nous sommes bien gardés d'y
« mettre nos noms: il lui auroit été trop glorieux de
« succomber, aux yeux du monde, sous les efforts de
« tout le Parnasse; et, pour rendre sa défaite plus igno-
« minieuse, nous avons voulu choisir tout exprès un
« auteur sans réputation. »

## SCÈNE III.

MADEMOISELLE DU PARC.

« Pour moi, je vous avoue que j'en ai toutes les joies
« imaginables. »

MOLIÈRE.

« Et moi aussi. Par la sambleu! le railleur sera raillé;
« il aura sur les doigts, ma foi. »

MADEMOISELLE DU PARC.

« Cela lui apprendra à vouloir satiriser tout. Com-
« ment! cet impertinent ne veut pas que les femmes
« aient de l'esprit! Il condamne toutes nos expressions
« élevées, et prétend que nous parlions toujours terre à
« terre! »

MADEMOISELLE DE BRIE.

« Le langage n'est rien : mais il censure tous nos atta-
« chements, quelque innocents qu'ils puissent être ; et,
« de la façon qu'il en parle, c'est être criminel que
« d'avoir du mérite. »

MADEMOISELLE DU CROISY.

« Cela est insupportable. Il n'y a pas une femme qui
« puisse plus rien faire. Que ne laisse-t-il en repos nos
« maris, sans leur ouvrir les yeux, et leur faire prendre
« garde à des choses dont ils ne s'avisent pas? »

MADEMOISELLE BÉJART.

« Passe pour tout cela ; mais il satirise même les
« femmes de bien, et ce méchant plaisant leur donne le
« titre d'honnêtes diablesses. »

MADEMOISELLE MOLIÈRE.

« C'est un impertinent. Il faut qu'il en ait tout le
« soûl. »

DU CROISY.

« La représentation de cette comédie, madame, aura
« besoin d'être appuyée; et les comédiens de l'hôtel... »

MADEMOISELLE DU PARC.

« Mon dieu! qu'ils n'appréhendent rien; je leur ga-
« rantis le succès de leur pièce, corps pour corps. »

MADEMOISELLE MOLIÈRE.

« Vous avez raison, madame. Trop de gens sont in-
« téressés à la trouver belle. Je vous laisse à penser si tous
« ceux qui se croient satirisés par Molière, ne prendront
« point l'occasion de se venger de lui en applaudissant à
« cette comédie. »

BRÉCOURT, ironiquement.

« Sans doute; et pour moi je réponds de douze mar-
« quis, de six précieuses, de vingt coquettes, et de trente
« cocus, qui ne manqueront pas d'y battre des mains. »

MADEMOISELLE MOLIÈRE.

« En effet, pourquoi aller offenser toutes ces per-
« sonnes-là, et particulièrement les cocus, qui sont les
« meilleures gens du monde? »

MOLIÈRE.

« Par la sambleu! on m'a dit qu'on va le dauber, lui
« et toutes ses comédies, de la belle manière, et que les
« comédiens et les auteurs, depuis le cèdre jusqu'à l'hys-
« sope, sont diablement animés contre lui. »

MADEMOISELLE MOLIÈRE.

« Cela lui sied fort bien. Pourquoi fait-il de méchantes
« pièces que tout Paris va voir, et où il peint si bien les
« gens, que chacun s'y connoît? Que ne fait-il des co-
« médies comme celles de monsieur Lysidas? Il n'auroit

« personne contre lui, et tous les auteurs en diroient du
« bien. Il est vrai que de semblables comédies n'ont pas
« ce grand concours de monde : mais, en revanche, elles
« sont toujours bien écrites; personne n'écrit contre elles,
« et tous ceux qui les voient meurent d'envie de les trou-
« ver belles. »

DU CROISY.

« Il est vrai que j'ai l'avantage de ne me point faire
« d'ennemis, et que tous mes ouvrages ont l'approbation
« des savants. »

MADEMOISELLE MOLIÈRE.

« Vous faites bien d'être content de vous : cela vaut
« mieux que tous les applaudissements du public, et que
« tout l'argent qu'on sauroit gagner aux pièces de Molière.
« Que vous importe qu'il vienne du monde à vos comé-
« dies, pourvu qu'elles soient approuvées par messieurs
« vos confrères? »

LA GRANGE.

« Mais quand jouera-t-on le Portrait du Peintre? »

DU CROISY.

« Je ne sais; mais je me prépare fort à paroître des
« premiers sur les rangs, pour crier, voilà qui est beau ! »

MOLIÈRE.

« Et moi de même, parbleu ! »

LA GRANGE.

« Et moi aussi, Dieu me sauve ! »

MADEMOISELLE DU PARC.

« Pour moi, j'y paierai de ma personne comme il faut;
« et je réponds d'une bravoure d'approbation qui mettra
« en déroute tous les jugements ennemis. C'est bien la

» moindre chose que nous devions faire, que d'épauler
« de nos louanges le vengeur de nos intérêts. »

MADEMOISELLE MOLIÈRE.

« C'est fort bien dit. »

MADEMOISELLE DE BRIE.

« Et ce qu'il nous faut faire toutes. »

MADEMOISELLE BÉJART.

« Assurément. »

MADEMOISELLE DU CROISY.

« Sans doute. »

MADEMOISELLE HERVÉ.

« Point de quartier à ce contrefaiseur de gens. »

MOLIÈRE.

« Ma foi, chevalier mon ami, il faudra que ton Mo-
« lière se cache. »

BRÉCOURT.

« Qui? lui? Je te promets, marquis, qu'il fait dessein
« d'aller sur le théâtre rire, avec tous les autres, du
« portrait qu'on a fait de lui. »

MOLIÈRE.

« Parbleu! ce sera donc du bout des dents qu'il y rira. »

BRÉCOURT.

« Va, va, peut-être qu'il y trouvera plus de sujets de
« rire que tu ne penses. On m'a montré la pièce; et
« comme tout ce qu'il y a d'agréable sont effectivement
« les idées qui ont été prises de Molière, la joie que
« cela pourra donner n'aura pas lieu de lui déplaire,
« sans doute; car, pour l'endroit où l'on s'efforce de le
« noircir, je suis le plus trompé du monde, si cela est
« approuvé de personne. Et quant à tous les gens qu'ils

## SCÈNE III.

« ont tâché d'animer contre lui, sur ce qu'il fait, dit-
« on, des portraits trop ressemblants, outre que cela est
« de fort mauvaise grace, je ne vois rien de plus ridi-
« cule et de plus mal pris ; et je n'avois pas cru jusqu'ici
« que ce fût un sujet de blâme pour un comédien, que
« de peindre trop bien les hommes. »

### LA GRANGE.

« Les comédiens m'ont dit qu'ils l'attendoient sur la
« réponse, et que... » ..

### BRÉCOURT.

« Sur la réponse ? Ma foi, je le trouverois un grand
« fou s'il se mettoit en peine de répondre à leurs in-
« vectives. Tout le monde sait assez de quel motif elles
« peuvent partir ; et la meilleure réponse qu'il leur puisse
« faire, c'est une comédie qui réussisse comme toutes
« ses autres : voilà le vrai moyen de se venger d'eux
« comme il faut. Et de l'humeur dont je les connois, je
« suis fort assuré qu'une pièce nouvelle qui leur enle-
« vera le monde, les fâchera bien plus que les satires qu'on
« pourroit faire de leurs personnes. »

### MOLIÈRE.

« Mais, chevalier... ? »

### MADEMOISELLE BÉJART.

Souffrez que j'interrompe pour un peu la répétition.
(A Molière.) Voulez-vous que je vous die ? Si j'avois été
en votre place, j'aurois poussé les choses autrement.
Tout le monde attend de vous une réponse vigoureuse ;
et, après la manière dont on m'a dit que vous étiez traité
dans cette comédie, vous étiez en droit de tout dire
contre les comédiens, et vous deviez n'en épargner
aucun.

#### MOLIÈRE.

J'enrage de vous ouïr parler de la sorte. Et voilà votre manie à vous autres femmes : vous voudriez que je prisse feu d'abord contre eux, et qu'à leur exemple j'allasse éclater promptement en invectives et en injures. Le bel honneur que j'en pourrois tirer! et le grand dépit que je leur ferois! Ne se sont-ils pas préparés de bonne volonté à ces sortes de choses? et, lorsqu'ils ont délibéré s'ils joueroient le Portrait du Peintre, sur la crainte d'une riposte, quelques-uns d'entre eux n'ont-ils pas répondu : Qu'il nous rende toutes les injures qu'il voudra, pourvu que nous gagnions de l'argent? N'est-ce pas là la marque d'une ame fort sensible à la honte? et ne me vengerois-je pas bien d'eux en leur donnant ce qu'ils veulent bien recevoir?

#### MADEMOISELLE DE BRIE.

Ils se sont fort plaints toutefois de trois ou quatre mots que vous avez dits d'eux dans la Critique et dans vos Précieuses.

#### MOLIÈRE.

Il est vrai, ces trois ou quatre mots sont fort offensants, et ils ont grand raison de les citer! Allez, allez, ce n'est pas cela. Le plus grand mal que je leur aie fait, c'est que j'ai eu le bonheur de plaire un peu plus qu'ils n'auroient voulu; et tout leur procédé, depuis que nous sommes venus à Paris, a trop marqué ce qui les touche. Mais laissons-les faire tant qu'ils voudront; toutes leurs entreprises ne doivent point m'inquiéter. Ils critiquent mes pièces, tant mieux; et Dieu me garde d'en faire jamais qui leur plaisent! ce seroit une mauvaise affaire pour moi.

## SCÈNE III.

MADEMOISELLE DE BRIE.

Il n'y a pas grand plaisir pourtant à voir déchirer ses ouvrages.

MOLIÈRE.

Et qu'est-ce que cela me fait? N'ai-je pas obtenu de ma comédie tout ce que j'en voulois obtenir, puisqu'elle a eu le bonheur d'agréer aux augustes personnes à qui particulièrement je m'efforce de plaire? N'ai-je pas lieu d'être satisfait de sa destinée? et toutes leurs censures ne viennent-elles pas trop tard? Est-ce moi, je vous prie, que cela regarde maintenant? et lorsqu'on attaque une pièce qui a eu du succès, n'est-ce pas attaquer plutôt le jugement de ceux qui l'ont approuvée que l'art de celui qui l'a faite?

MADEMOISELLE DE BRIE.

Ma foi, j'aurois joué ce petit monsieur l'auteur qui se mêle d'écrire contre des gens qui ne songent pas à lui.

MOLIÈRE.

Vous êtes folle. Le beau sujet à divertir la cour que monsieur Boursault! Je voudrois bien savoir de quelle façon on pourroit l'ajuster pour le rendre plaisant, et si, quand on le berneroit sur le théâtre, il seroit assez heureux pour faire rire le monde. Ce lui seroit trop d'honneur que d'être joué devant une auguste assemblée, il ne demanderoit pas mieux; et il m'attaque de gaîté de cœur pour se faire connoître de quelque façon que ce soit. C'est un homme qui n'a rien à perdre; et les comédiens ne me l'ont déchaîné que pour m'engager à une sotte guerre, et me détourner, par cet artifice, des autres ouvrages que j'ai à faire; et cependant vous êtes assez simples pour donner dans ce panneau! Mais enfin j'en ferai ma déclaration publiquement: je ne prétends faire aucune réponse à toutes leurs critiques et leurs contre-critiques. Qu'ils disent tous les maux du monde de mes pièces, j'en suis d'accord. Qu'ils s'en saisissent après nous; qu'ils les retournent comme un habit pour les mettre sur leur théâtre, et tâchent à profiter de quelque agrément qu'on y trouve et d'un peu de bonheur que j'ai, j'y consens, ils en ont besoin; et je serai bien aise de contribuer à les faire subsister, pourvu qu'ils se contentent de ce que je puis leur accorder avec bienséance. La courtoisie doit avoir des bornes; et il y a des choses qui ne font rire ni les spectateurs ni celui dont on parle. Je leur abandonne de bon cœur mes ouvrages, ma figure, mes gestes, mes paroles, mon ton de voix et ma façon de réciter, pour en faire et dire tout ce qu'il leur plaira, s'ils en peuvent tirer quelque avantage. Je ne m'oppose point à toutes ces choses, et je serai ravi que cela puisse réjouir le monde; mais en leur abandonnant tout cela, ils me doivent faire la grace de me laisser le reste, et de ne point toucher à des matières de la nature de celles sur lesquelles on m'a dit qu'ils m'attaquoient dans leurs comédies. C'est de quoi je prierai civilement cet honnête monsieur qui se mêle d'écrire pour eux; et voilà toute la réponse qu'ils auront de moi.

MADEMOISELLE BÉJART.

Mais enfin...

MOLIÈRE.

Mais enfin vous me feriez devenir fou. Ne parlons point de cela davantage; nous nous amusons à faire des

## SCÈNE III.

discours, au lieu de répéter notre comédie. Où en étions-nous? Je ne m'en souviens plus.

MADEMOISELLE DE BRIE.

Vous en étiez à l'endroit...

MOLIÈRE.

Mon dieu! j'entends du bruit : c'est le roi qui arrive, assurément; et je vois bien que nous n'aurons pas le temps de passer outre. Voilà ce que c'est de s'amuser. Oh bien! faites donc, pour le reste, du mieux qu'il vous sera possible.

MADEMOISELLE BÉJART.

Par ma foi! la frayeur me prend; et je ne saurois aller jouer mon rôle, si je ne le répète tout entier.

MOLIÈRE.

Comment! vous ne sauriez aller jouer votre rôle?

MADEMOISELLE BÉJART.

Non.

MADEMOISELLE DU PARC.

Ni moi le mien.

MADEMOISELLE DE BRIE.

Ni moi non plus.

MADEMOISELLE MOLIÈRE.

Ni moi.

MADEMOISELLE HERVÉ.

Ni moi.

MADEMOISELLE DU CROISY.

Ni moi.

MOLIÈRE.

Que pensez-vous donc faire? Vous moquez-vous toutes de moi?

## SCÈNE IV.

BÉJART, MOLIÈRE, LA GRANGE, DU CROISY; MESDEMOISELLES DU PARC, BÉJART, DE BRIE, MOLIÈRE, DU CROISY, HERVÉ.

#### BÉJART.

Messieurs, je viens vous avertir que le roi est venu, et qu'il attend que vous commenciez.

#### MOLIÈRE.

Ah! monsieur, vous me voyez dans la plus grande peine du monde; je suis désespéré à l'heure que je vous parle. Voici des femmes qui s'effraient et qui disent qu'il leur faut répéter leurs rôles avant que d'aller commencer. Nous demandons, de grace, encore un moment. Le roi a de la bonté, et il sait bien que la chose a été précipitée.

## SCÈNE V.

MOLIÈRE, ET LES MÊMES ACTEURS, A L'EXCEPTION DE BÉJART.

#### MOLIÈRE.

Hé! de grace, tâchez de vous remettre; prenez courage, je vous prie.

#### MADEMOISELLE DU PARC.

Vous devez vous aller excuser.

#### MOLIÈRE.

Comment m'excuser?

## SCÈNE VI.

MOLIÈRE, ET LES MÊMES ACTEURS; UN NÉCESSAIRE.

LE NÉCESSAIRE.

Messieurs, commencez donc.

MOLIÈRE.

Tout à l'heure, monsieur. Je crois que je perdrai l'esprit de cette affaire-ci, et...

## SCÈNE VII.

MOLIÈRE, ET LES MÊMES ACTEURS; UN SECOND NÉCESSAIRE.

LE SECOND NÉCESSAIRE.

Messieurs, commencez donc.

MOLIÈRE.

Dans un moment, monsieur. (A ses camarades.) Hé quoi donc! voulez-vous que j'aie l'affront...?

## SCÈNE VIII.

MOLIÈRE, ET LES MÊMES ACTEURS; UN TROISIÈME NÉCESSAIRE.

LE TROISIÈME NÉCESSAIRE.

Messieurs, commencez donc.

MOLIÈRE.

Oui, monsieur, nous y allons. Hé! que de gens se font

fête,¹ et viennent dire, Commencez donc, à qui le roi ne l'a pas commandé !

## SCÈNE IX.

MOLIÈRE, ET LES MÊMES ACTEURS; UN QUATRIÈME NÉCESSAIRE.

LE QUATRIÈME NÉCESSAIRE.

Messieurs, commencez donc.

MOLIÈRE.

Voilà qui est fait, monsieur. (A ses camarades.) Quoi donc! recevrai-je la confusion...?

## SCÈNE X.

BÉJART, MOLIÈRE, ET LES MÊMES ACTEURS.

MOLIÈRE.

Monsieur, vous venez pour nous dire de commencer, mais...

BÉJART.

Non, messieurs; je viens pour vous dire qu'on a dit au roi l'embarras où vous vous trouviez, et que, par une bonté toute particulière, il remet votre nouvelle comédie à une autre fois, et se contente, pour aujourd'hui, de la première que vous pourrez donner.

1 Il falloit *se font de fête.* Cette expression veut dire : s'entremettre de quelque affaire, et vouloir s'y rendre nécessaire sans y avoir été appelé.

## SCÈNE X.

### MOLIÈRE.

Ah! monsieur, vous me redonnez la vie. Le roi nous fait la plus grande grace du monde de nous donner du temps pour ce qu'il a souhaité; et nous allons tous le remercier des extrêmes bontés qu'il nous fait paroître.

FIN DE L'IMPROMPTU DE VERSAILLES.

# LA PRINCESSE D'ÉLIDE,

## COMÉDIE-BALLET

### EN CINQ ACTES,

#### AVEC UN PROLOGUE ET DES INTERMÈDES,

Représentée à Versailles, le 8 mai 1664; et à Paris, sur le théâtre du Palais-Royal, le 9 octobre de la même année.

## PERSONNAGES DU PROLOGUE.

L'AURORE.
LYCISCAS, valet de chiens.
TROIS VALETS DE CHIENS, chantants.
VALETS DE CHIENS, dansants.

## PERSONNAGES DE LA COMÉDIE.

IPHITAS, prince d'Élide, père de la princesse.
LA PRINCESSE D'ÉLIDE.
EURYALE, prince d'Ithaque.
ARISTOMÈNE, prince de Messène.
THÉOCLE, prince de Pyle.
AGLANTE, cousine de la princesse.
CYNTHIE, cousine de la princesse.
ARBATE, gouverneur du prince d'Ithaque.
PHILIS, suivante de la princesse.
MORON, plaisant de la princesse.
LYCAS, suivant d'Iphitas.

## PERSONNAGES DES INTERMÈDES.

### PREMIER INTERMÈDE.

MORON.
CHASSEURS, dansants.

### SECOND INTERMÈDE.

PHILIS.
MORON.
UN SATYRE, chantant.
SATYRES, dansants.

## PERSONNAGES.

### TROISIÈME INTERMÈDE.

PHILIS.
TIRCIS, berger chantant.
MORON.

### QUATRIÈME INTERMÈDE.

LA PRINCESSE.
PHILIS.
CLIMÈNE.

### CINQUIÈME INTERMÈDE.

BERGERS et BERGÈRES, chantants.
BERGERS et BERGÈRES, dansants.

La scène est en Élide.

# PROLOGUE.

## SCÈNE I.

L'AURORE; LYCISCAS, et plusieurs autres VALETS DE CHIENS, endormis et couchés sur l'herbe.

L'AURORE, chante.

Quand l'Amour à vos yeux offre un choix agréable,
   Jeunes beautés, laissez-vous enflammer;
Moquez-vous d'affecter cet orgueil indomptable
   Dont on vous dit qu'il est beau de s'armer :
      Dans l'âge où l'on est aimable
      Rien n'est si beau que d'aimer.
Soupirez librement pour un amant fidèle,
   Et bravez ceux qui voudroient vous blâmer.
Un cœur tendre est aimable, et le nom de cruelle
   N'est pas un nom à se faire estimer :
      Dans le temps où l'on est belle
      Rien n'est si beau que d'aimer.

## SCÈNE II.

**LYCISCAS**, et plusieurs **VALETS DE CHIENS**, endormis; trois **VALETS DE CHIENS**, chantants, réveillés par le récit de l'Aurore.

TOUS TROIS ENSEMBLE, chantent.
Holà! holà! Debout, debout, debout.
Pour la chasse ordonnée il faut préparer tout.
Holà! ho! debout, vite debout.

PREMIER.
Jusqu'aux plus sombres lieux le jour se communique.

DEUXIÈME.
L'air sur les fleurs en perles se résout.

TROISIÈME.
Les rossignols commencent leur musique,
Et leurs petits concerts retentissent partout.

TOUS TROIS ENSEMBLE.
Sus, sus, debout, vite debout.

(A Lyciscas endormi.)

Qu'est ceci, Lyciscas! Quoi? tu ronfles encore,
Toi, qui promettois tant de devancer l'aurore!
Allons, debout, vite debout.
Pour la chasse ordonnée il faut préparer tout.
Debout, vite debout; dépêchons, ho! debout.

LYCISCAS, en s'éveillant.
Par la morbleu! vous êtes de grands braillards, vous autres, et vous avez la gueule ouverte de bon matin.

TOUS TROIS ENSEMBLE.
Ne vois-tu pas le jour qui se répand partout?

Allons, debout, Lyciscas, debout.

LYCISCAS.

Hé! laissez-moi dormir encore un peu, je vous conjure.

TOUS TROIS ENSEMBLE.

Non, non, debout, Lyciscas, debout.

LYCISCAS.

Je ne vous demande plus qu'un petit quart-d'heure.

TOUS TROIS ENSEMBLE.

Point, point, debout, vite debout.

LYCISCAS.

Hé! je vous prie. -

TOUS TROIS ENSEMBLE.

Debout.

LYCISCAS.

Un moment.

TOUS TROIS ENSEMBLE.

Debout.

LYCISCAS.

De grace.

TOUS TROIS ENSEMBLE.

Debout.

LYCISCAS.

Hé!

TOUS TROIS ENSEMBLE.

Debout.

LYCISCAS.

Je...

TOUS TROIS ENSEMBLE.

Debout.

LYCISCAS.

J'aurai fait incontinent.

TOUS TROIS ENSEMBLE.

Non, non, debout, Lyciscas, debout.

## PROLOGUE.

Pour la chasse ordonnée il faut préparer tout.
Vite debout, dépêchons, debout.

LYCISCAS.

Hé bien ! laissez-moi, je vais me lever. Vous êtes d'étranges gens, de me tourmenter comme cela ! Vous serez cause que je ne me porterai pas bien de toute la journée; car, voyez-vous, le sommeil est nécessaire à l'homme; et lorsqu'on ne dort pas sa réfection, * il arrive que... on n'est...

(Il se rendort.)

PREMIER.

Lyciscas !

DEUXIÈME.

Lyciscas !

TROISIÈME.

Lyciscas !

TOUS TROIS ENSEMBLE.

Lyciscas !

LYCISCAS.

Diable soient les brailleurs ! Je voudrois que vous eussiez la gueule pleine de bouillie bien chaude.

TOUS TROIS ENSEMBLE.

Debout, debout.
Vite debout, dépêchons, debout.

LYCISCAS.

Ah ! quelle fatigue de ne pas dormir son soûl !

PREMIER.

Holà ! ho !

DEUXIÈME.

Holà ! ho !

---

* *Sa réfection*, c'est-à-dire assez pour se refaire. On disait autrefois la *réfection d'un bâtiment*, en parlant des réparations.

TROISIÈME.

Holà! ho!

TOUS TROIS ENSEMBLE.

Ho! ho! ho!

LYCISCAS.

Ho! ho! La peste soit des gens avec leurs chiens de hurlements! Je me donne au diable, si je ne vous assomme. Mais voyez un peu quel diable d'enthousiasme il leur prend de me venir chanter aux oreilles comme cela. Je...

TOUS TROIS ENSEMBLE.

Debout.

LYCISCAS.

Encore!

TOUS TROIS ENSEMBLE.

Debout.

LYCISCAS.

Le diable vous emporte!

TOUS TROIS ENSEMBLE.

Debout.

LYCISCAS, *en se levant*.

Quoi! toujours! A-t-on jamais vu une pareille furie de chanter? Par la sang-bleu! j'enrage. Puisque me voilà éveillé, il faut que j'éveille les autres, et que je les tourmente comme on m'a fait. Allons, ho, messieurs, debout, debout, vite; c'est trop dormir. Je vais faire un bruit du diable partout. (Il crie de toute sa force.) Debout, debout, debout. Allons vite, ho, ho, ho, debout, debout. Pour la chasse ordonnée il faut préparer tout. Debout, debout, Lyciscas, debout. Ho, ho, ho, ho, ho.

(Plusieurs cors et trompes de chasse se font entendre; les valets de chiens que Lyciscas a réveillés dansent une entrée.)

# LA PRINCESSE D'ÉLIDE.

## ACTE PREMIER.

### SCÈNE I.

#### EURYALE, ARBATE.

ARBATE.

Ce silence rêveur dont la sombre habitude
Vous fait à tous moments chercher la solitude,
Ces longs soupirs que laisse échapper votre cœur,
Et ces fixes regards si chargés de langueur,
Disent beaucoup sans doute à des gens de mon age;
Et je pense, seigneur, entendre ce langage:
Mais, sans votre congé, de peur de trop risquer,
Je n'ose m'enhardir jusques à l'expliquer.

EURYALE.

Explique, explique, Arbate, avec toute licence
Ces soupirs, ces regards, et ce morne silence.
Je te permets ici de dire que l'amour
M'a rangé sous ses lois, et me brave à son tour;
Et je consens encor que tu me fasses honte
Des foiblesses d'un cœur qui souffre qu'on le dompte.

ARBATE.

Moi, vous blâmer, seigneur, des tendres mouvements
Où je vois qu'aujourd'hui penchent vos sentiments !
Le chagrin des vieux jours ne peut aigrir mon ame
Contre les doux transports de l'amoureuse flamme ;
Et, bien que mon sort touche à ses derniers soleils,
Je dirai que l'amour sied bien à vos pareils ;
Que ce tribut qu'on rend aux traits d'un beau visage,
De la beauté d'une ame est un clair témoignage,
Et qu'il est malaisé que, sans être amoureux,
Un jeune prince soit et grand et généreux.
C'est une qualité que j'aime en un monarque :
La tendresse du cœur est une grande marque
Que d'un prince à votre age on peut tout présumer,
Dès qu'on voit que son ame est capable d'aimer.
Oui, cette passion, de toutes la plus belle,
Traîne dans un esprit cent vertus après elle ;
Aux nobles actions elle pousse les cœurs,
Et tous les grands héros ont senti ses ardeurs.
Devant mes yeux, seigneur, a passé votre enfance,
Et j'ai de vos vertus vu fleurir l'espérance :
Mes regards observoient en vous des qualités
Où je reconnoissois le sang dont vous sortez ;
J'y découvrois un fonds d'esprit et de lumière ;
Je vous trouvois bien fait, l'air grand, et l'ame fière ;
Votre cœur, votre adresse, éclatoient chaque jour :
Mais je m'inquiétois de ne point voir d'amour.
Et, puisque les langueurs d'une plaie invincible
Nous montrent que votre ame à ses traits est sensible,
Je triomphe ; et mon cœur, d'allégresse rempli,

Vous regarde à présent comme un prince accompli.

EURYALE.

Si de l'Amour un temps j'ai bravé la puissance,
Hélas! mon cher Arbate, il en prend bien vengeance;
Et, sachant dans quels maux mon cœur s'est abîmé,
Toi-même tu voudrois qu'il n'eût jamais aimé.
Car enfin, vois le sort où mon astre me guide,
J'aime, j'aime ardemment la princesse d'Élide,
Et tu sais quel orgueil, sous des traits si charmants,
Arme contre l'amour ses jeunes sentiments,
Et comment elle fuit en cette illustre fête
Cette foule d'amants qui briguent sa conquête.
Ah! qu'il est bien peu vrai que ce qu'on doit aimer,
Aussitôt qu'on le voit, prend droit de nous charmer,
Et qu'un premier coup-d'œil allume en nous les flammes
Où le ciel en naissant a destiné nos ames!
A mon retour d'Argos je passai dans ces lieux,
Et ce passage offrit la princesse à mes yeux;
Je vis tous les appas dont elle est revêtue,
Mais de l'œil dont on voit une belle statue:
Leur brillante jeunesse observée à loisir,
Ne porta dans mon ame aucun secret desir;
Et d'Ithaque en repos je revis le rivage,
Sans m'en être en deux ans rappelé nulle image.
Un bruit vient cependant à répandre à ma cour
Le célèbre mépris qu'elle fait de l'amour;
On publie en tous lieux que son ame hautaine
Garde pour l'hyménée une invincible haine,
Et qu'un arc à la main, sur l'épaule un carquois,
Comme une autre Diane elle hante les bois,

N'aime rien que la chasse, et de toute la Grèce
Fait soupirer en vain l'héroïque jeunesse.
Admire nos esprits, et la fatalité!
Ce que n'avoient point fait sa vue et sa beauté,
Le bruit de ses fiertés en mon ame fit naître
Un transport inconnu dont je ne fus point maître :
Ce dédain si fameux eut des charmes secrets
A me faire avec soin rappeler tous ses traits;
Et mon esprit, jetant de nouveaux yeux sur elle,
M'en refit une image et si noble et si belle,
Me peignit tant de gloire et de telles douceurs
A pouvoir triompher de toutes ses froideurs,
Que mon cœur, aux brillants d'une telle victoire,
Vit de sa liberté s'évanouir la gloire:
Contre une telle amorce il eut beau s'indigner,
Sa douceur sur mes sens prit tel droit de régner,
Qu'entraîné par l'effort d'une occulte puissance,
J'ai d'Ithaque en ces lieux fait voile en diligence;
Et je couvre un effet de mes vœux enflammés
Du desir de paroître à ces jeux renommés
Où l'illustre Iphitas, père de la princesse,
Assemble la plupart des princes de la Grèce.

ARBATE.

Mais à quoi bon, seigneur, les soins que vous prenez?
Et pourquoi ce secret où vous vous obstinez?
Vous aimez, dites-vous, cette illustre princesse,
Et venez à ses yeux signaler votre adresse;
Et nuls empressements, paroles ni soupirs,
Ne l'ont instruite encor de vos brûlants desirs!
Pour moi, je n'entends rien à cette politique

Qui ne veut point souffrir que votre cœur s'explique ;
Et je ne sais quel fruit peut prétendre un amour
Qui fuit tous les moyens de se produire au jour.

### EURYALE.

Et que ferai-je, Arbate, en déclarant ma peine,
Qu'attirer les dédains de cette ame hautaine,
Et me jeter au rang de ces princes soumis
Que le titre d'amants lui peint en ennemis ?
Tu vois les souverains de Messène et de Pyle
Lui faire de leurs cœurs un hommage inutile,
Et de l'éclat pompeux des plus hautes vertus
En appuyer en vain les respects assidus :
Ce rebut de leurs soins sous un triste silence
Retient de mon amour toute la violence ;
Je me tiens condamné dans ces rivaux fameux,
Et je lis mon arrêt au mépris qu'on fait d'eux.

### ARBATE.

Et c'est dans ce mépris et dans cette humeur fière,
Que votre ame à ses vœux doit voir plus de lumière,
Puisque le sort vous donne à conquérir un cœur
Que défend seulement une simple froideur,
Et qui n'oppose point à l'ardeur qui vous presse
De quelque attachement l'invincible tendresse.
Un cœur préoccupé résiste puissamment :
Mais quand une ame est libre, on la force aisément ;
Et toute la fierté de son indifférence
N'a rien dont ne triomphe un peu de patience.
Ne lui cachez donc plus le pouvoir de ses yeux,
Faites de votre flamme un éclat glorieux ;
Et, bien loin de trembler de l'exemple des autres,

Du rebut de leurs vœux enflez l'espoir des vôtres.
Peut-être, pour toucher ses sévères appas,
Aurez-vous des secrets que ces princes n'ont pas :
Et, si de ces fiertés l'impérieux caprice
Ne vous fait éprouver un destin plus propice,
Au moins est-ce un bonheur, en ces extrémités,
Que de voir avec soi ses rivaux rebutés.

### EURYALE.

J'aime à te voir presser cet aveu de ma flamme :
Combattant mes raisons, tu chatouilles mon ame;
Et par ce que j'ai dit je voulois pressentir
Si de ce que j'ai fait tu pourrois m'applaudir.
Car enfin, puisqu'il faut t'en faire confidence,
On doit à la princesse expliquer mon silence;
Et peut-être, au moment où je t'en parle ici,
Le secret de mon cœur, Arbate, est éclairci.
Cette chasse où, pour fuir la foule qui l'adore,
Tu sais qu'elle est allée au lever de l'aurore,
Est le temps que Moron, pour déclarer mon feu,
A pris.

### ARBATE.

Moron, seigneur !

### EURYALE.

Ce choix t'étonne un peu.
Par son titre de fou tu crois le bien connoître :
Mais sache qu'il l'est moins qu'il ne le veut paroître,
Et que, malgré l'emploi qu'il exerce aujourd'hui,
Il a plus de bon sens que tel qui rit de lui.
La princesse se plaît à ses bouffonneries :
Il s'en est fait aimer par cent plaisanteries,

Et peut, dans cet accès, dire et persuader
Ce que d'autres que lui n'oseroient hasarder.
Je le vois propre enfin à ce que j'en souhaite ;
Il a pour moi, dit-il, une amitié parfaite,
Et veut, dans mes États ayant reçu le jour,
Contre tous mes rivaux appuyer mon amour.
Quelque argent mis en main pour soutenir ce zèle...

## SCÈNE II.

### EURYALE, ARBATE, MORON.

MORON, *derrière le théâtre.*

Au secours ! Sauvez-moi de la bête cruelle !

EURYALE.

Je pense ouïr sa voix.

MORON, *derrière le théâtre.*

A moi, de grace, à moi !

EURYALE.

C'est lui-même. Où court-il avec un tel effroi ?

MORON, *entrant sans voir personne.*

Où pourrai-je éviter ce sanglier redoutable ?
Grands dieux, préservez-moi de sa dent effroyable !
Je vous promets, pourvu qu'il ne m'attrape pas,
Quatre livres d'encens et deux veaux des plus gras.

(*Rencontrant Euryale, que dans sa frayeur il prend pour le sanglier qu'il évite.*)

Ah ! je suis mort.

EURYALE.

Qu'as-tu ?

MORON.

                      Je vous croyois la bête
Dont à me diffamer [1] j'ai vu la gueule prête,
Seigneur; et je ne puis revenir de ma peur.

EURYALE.

Qu'est-ce?

MORON.

             Oh! que la princesse est d'une étrange humeur,
Et qu'à suivre la chasse et ses extravagances
Il nous faut essuyer de sottes complaisances!
Quel diable de plaisir trouvent tous les chasseurs
De se voir exposés à mille et mille peurs?
Encore si c'étoit qu'on ne fût qu'à la chasse
Des lièvres, des lapins, et des jeunes daims, passe :
Ce sont des animaux d'un naturel fort doux,
Et qui prennent toujours la fuite devant nous.
Mais d'aller attaquer de ces bêtes vilaines
Qui n'ont aucun respect pour les faces humaines,
Et qui courent les gens qui les veulent courir,
C'est un sot passe-temps que je ne puis souffrir.

EURYALE.

Dis-nous donc ce que c'est.

MORON.

                      Le pénible exercice
Où de notre princesse a volé le caprice!
J'en aurois bien juré qu'elle auroit fait le tour;
Et, la course des chars se faisant en ce jour,
Il fallait affecter ce contre-temps de chasse

---

[1] Suivant tous les dictionnaires, *diffamer* ne peut signifier qu'*enlever* ou *détruire la réputation*. Molière a forcé le sens de ce mot.

Pour mépriser ces jeux avec meilleure grace,
Et faire voir... Mais chut. Achevons mon récit;
Et reprenons le fil de ce que j'avois dit.
Qu'ai-je dit?

EURYALE.

Tu parlois d'exercice pénible.

MORON.

Ah! oui. Succombant donc à ce travail horrible,
Car en chasseur fameux j'étois enharnaché,
Et dès le point du jour je m'étois décousé,
Je me suis écarté de tous en galant homme,
Et, trouvant un lieu propre à dormir d'un bon somme,
J'essayois ma posture, et, m'ajustant bientôt,
Prenois déja mon ton pour ronfler comme il faut,
Lorsqu'un murmure affreux m'a fait lever la vue,
Et j'ai d'un vieux buisson de la forêt touffue
Vu sortir un sanglier d'une énorme grandeur
Pour...

EURYALE.

Qu'est-ce?

MORON.

Ce n'est rien. N'ayez point de frayeur:
Mais laissez-moi passer entre vous deux, pour cause,
Je serai mieux en main pour vous conter la chose.
J'ai donc vu ce sanglier qui, par nos gens chassé,
Avoit, d'un air affreux, tout son poil hérissé;
Ses deux yeux flamboyants ne lançoient que menace,
Et sa gueule faisoit une laide grimace,
Qui, parmi de l'écume, à qui l'osoit presser
Montroit de certains crocs... je vous laisse à penser.

A ce terrible aspect, j'ai ramassé mes armes :
Mais le faux animal, sans en prendre d'alarmes,
Est venu droit à moi qui ne lui disois mot.

ARBATE.

Et tu l'as de pied ferme attendu ?

MORON.

Quelque sot...
J'ai jeté tout par terre, et couru comme quatre.

ARBATE.

Fuir devant un sanglier, ayant de quoi l'abattre !
Ce trait, Moron, n'est pas généreux.

MORON.

J'y consens ;
Il n'est pas généreux, mais il est de bon sens.

ARBATE.

Mais par quelques exploits si l'on ne s'éternise...

MORON.

Je suis votre valet. J'aime mieux que l'on dise,
C'est ici qu'en fuyant sans se faire prier
Moron sauva ses jours des fureurs d'un sanglier ;
Que si l'on y disoit : Voilà l'illustre place
Où le brave Moron, d'une héroïque audace
Affrontant d'un sanglier l'impétueux effort,
Par un coup de ses dents vit terminer son sort.

EURYALE.

Fort bien.

MORON.

Oui, j'aime mieux, n'en déplaise à la gloire,
Vivre au monde deux jours que mille ans dans l'histoire.

EURYALE.

En effet, ton trépas fâcheroit tes amis.

Mais, si de ta frayeur ton esprit est remis,
Puis-je te demander si du feu qui me brûle...?
### MORON.
Il ne faut pas, seigneur, que je vous dissimule;
Je n'ai rien fait encore, et n'ai point rencontré
De temps pour lui parler qui fût selon mon gré.
L'office de bouffon a des prérogatives;
Mais souvent on rabat nos libres tentatives.
Le discours de vos feux est un peu délicat,
Et c'est chez la princesse une affaire d'État.
Vous savez de quel titre elle se glorifie,
Et qu'elle a dans la tête une philosophie
Qui déclare la guerre au conjugal lien,
Et vous traite l'amour de déité de rien.
Pour n'effaroucher point son humeur de tigresse,
Il me faut manier la chose avec adresse :
Car on doit regarder comme l'on parle aux grands,
Et vous êtes parfois d'assez fâcheuses gens.
Laissez-moi doucement conduire cette trame.
Je me sens là pour vous un zèle tout de flamme.
Vous êtes né mon prince, et quelques autres nœuds
Pourroient contribuer au bien que je vous veux :
Ma mère dans son temps passoit pour être belle,
Et naturellement n'étoit pas fort cruelle;
Feu votre père alors, ce prince généreux,
Sur la galanterie étoit fort dangereux;
Et je sais qu'Elpénor, qu'on appeloit mon père
A cause qu'il étoit le mari de ma mère,
Contoit pour grand honneur aux pasteurs d'aujourd'hui
Que le prince autrefois étoit venu chez lui,

Et que, durant ce temps, il avoit l'avantage
De se voir saluer de tous ceux du village.
Baste. Quoi qu'il en soit, je veux par mes travaux...
Mais voici la princesse et deux de nos rivaux.

## SCÈNE III.

LA PRINCESSE, AGLANTE, CYNTHIE, ARISTO-
MÈNE, THÉOCLE, EURYALE, PHILIS, ARBATE,
MORON.

ARISTOMÈNE.

Reprochez-vous, madame, à nos justes alarmes
Ce péril dont tous deux avons sauvé vos charmes?
J'aurois pensé, pour moi, qu'abattre sous nos coups
Ce sanglier qui portoit sa fureur jusqu'à vous,
Étoit une aventure, ignorant votre chasse,
Dont à nos bons destins nous dussions rendre grace;
Mais à cette froideur je connois clairement
Que je dois concevoir un autre sentiment,
Et quereller du sort la fatale puissance
Qui me fait avoir part à ce qui vous offense.

THÉOCLE.

Pour moi, je tiens, madame, à sensible bonheur
L'action où pour vous a volé tout mon cœur,
Et ne puis consentir, malgré votre murmure,
A quereller le sort d'une telle aventure.
D'un objet odieux je sais que tout déplaît;
Mais, dût votre courroux être plus grand qu'il n'est,
C'est extrême plaisir, quand l'amour est extrême,

De pouvoir d'un péril affranchir ce qu'on aime.

LA PRINCESSE.

Et pensez-vous, seigneur, puisqu'il me faut parler,
Qu'il eût eu, ce péril, de quoi tant m'ébranler;
Que l'arc et que le dard, pour moi si pleins de charmes,
Ne soient entre mes mains que d'inutiles armes;
Et que je fasse enfin mes plus fréquents emplois
De parcourir nos monts, nos pleines et nos bois,
Pour n'oser en chassant concevoir l'espérance
De suffire moi seule à ma propre défense?
Certes, avec le temps, j'aurois bien profité
De ces soins assidus dont je fais vanité,
S'il falloit que mon bras, dans une telle quête,
Ne pût pas triompher d'une chétive bête!
Du moins, si, pour prétendre à de sensibles coups,
Le commun de mon sexe est trop mal avec vous,
D'un étage plus haut accordez-moi la gloire,
Et me faites tous deux cette grace de croire,
Seigneurs, que, quel que fût le sanglier d'aujourd'hui,
J'en ai mis bas, sans vous, de plus méchants que lui.

THÉOCLE.

Mais, madame...

LA PRINCESSE.

Hé bien! soit. Je vois que votre envie
Est de persuader que je vous dois la vie;
J'y consens. Oui, sans vous c'étoit fait de mes jours.
Je rends de tout mon cœur grace à ce grand secours,
Et je vais de ce pas au prince pour lui dire
Les bontés que pour moi votre amour vous inspire.

## SCÈNE IV.

### EURYALE, ARBATE, MORON.

**MORON.**

Eh! a-t-on jamais vu de plus farouche esprit?
De ce vilain sanglier l'heureux trépas l'aigrit.
Oh! comme volontiers j'aurois d'un beau salaire
Récompensé tantôt qui m'en eût su défaire!

**ARBATE**, à Euryale.

Je vous vois tout pensif, seigneur, de ses dédains;
Mais ils n'ont rien qui doive empêcher vos desseins.
Son heure doit venir; et c'est à vous, possible,
Qu'est réservé l'honneur de la rendre sensible.

**MORON.**

Il faut qu'avant la course elle apprenne vos feux :
Et je...

**EURYALE.**

Non. Ce n'est plus, Moron, ce que je veux;
Garde-toi de rien dire, et me laisse un peu faire :
J'ai résolu de prendre un chemin tout contraire.
Je vois trop que son cœur s'obstine à dédaigner
Tous ces profonds respects qui pensent le gagner;
Et le dieu qui m'engage à soupirer pour elle,
M'inspire pour la vaincre une adresse nouvelle.
Oui, c'est lui d'où me vient ce soudain mouvement;
Et j'en attends de lui l'heureux événement.

**ARBATE.**

Peut-on savoir, seigneur, par où votre espérance...?

## ACTE I, SCÈNE IV.

**EURYALE.**

Tu le vas voir. Allons, et garde le silence.

**MORON.**

Jusqu'au revoir.

FIN DU PREMIER ACTE.

# PREMIER INTERMÈDE.

## SCÈNE I.

### MORON.

Pour moi je reste ici, et j'ai une petite conversation à faire avec ces arbres et ces rochers.

Bois, prés, fontaines, fleurs, qui voyez mon teint blême,
Si vous ne le savez, je vous apprends que j'aime.
    Philis est l'objet charmant
    Qui tient mon cœur à l'attache;
    Et je devins son amant
    La voyant traire une vache.
Ses doigts, tout pleins de lait, et plus blancs mille fois,
Pressoient les bouts du pis d'une grace admirable.
    Ouf! cette idée est capable
    De me réduire aux abois.
    Ah! Philis! Philis! Philis!

## SCÈNE II.

### MORON, UN ÉCHO.

L'ÉCHO.

Philis!

MORON.

Ah!

## INTERMÈDE I, SCÈNE II.

L'ÉCHO.

Ah !

MORON.

Hem.

L'ÉCHO.

Hem !

MORON.

Ha, ha !

L'ÉCHO.

Ha.

MORON.

Hi, hi !

L'ÉCHO.

Hi.

MORON.

Oh !

L'ÉCHO.

Oh.

MORON.

Oh !

L'ÉCHO.

Oh.

MORON.

Voilà un écho qui est bouffon.

L'ÉCHO.

On.

MORON.

Hon !

L'ÉCHO.

Hon.

MORON.

Ha !

L'ÉCHO.

Ha.

MORON.

Hu !

L'ÉCHO.

Hu.

MORON.

Voilà un écho qui est bouffon.

## SCÈNE III.

MORON, apercevant un ours qui vient à lui.

Ah ! monsieur l'ours, je suis votre serviteur de tout mon cœur. De grace, épargnez-moi; je vous assure que je ne vaux rien du tout à manger; je n'ai que la peau et les os, et je vois de certaines gens là bas qui seroient bien mieux votre affaire. Hé, hé, hé, monseigneur, tout doux, s'il vous plaît.

( Il caresse l'ours, et tremble de frayeur. )

Là, là, là. Ah! monseigneur, que votre altesse est jolie et bien faite! Elle a tout-à-fait l'air galant et la taille la plus mignonne du monde. Ah! beau poil! belle tête! beaux yeux brillants et bien fendus! Ah! beau petit nez! belle petite bouche! petites quenottes jolies! Ah! belle gorge! belles petites menottes! petits ongles bien faits!

( L'ours se lève sur ses pattes de derrière.)

A l'aide ! au secours ! je suis mort ! Miséricorde ! Pauvre Moron ! Ah ! mon Dieu ! Hé ! vite ! à moi ! je suis perdu

(Moron monte sur un arbre.)

## SCÈNE IV.

#### MORON, CHASSEURS.

MORON, *monté sur un arbre, aux chasseurs.*
Hé! messieurs, ayez pitié de moi.

(Les chasseurs combattent l'ours.)

Bon, messieurs! tuez-moi ce vilain animal-là. O ciel, daigne les assister! Bon! le voilà qui fuit. Le voilà qui s'arrête, et qui se jette sur eux. Bon! en voilà un qui vient de lui donner un coup dans la gueule. Les voilà tous à l'entour de lui. Courage, ferme, allons, mes amis! Bon! poussez fort! Encore! Ah! le voilà qui est à terre; c'en est fait, il est mort. Descendons maintenant pour lui donner cent coups.

(Moron descend de l'arbre.)

Serviteur, messieurs; je vous rends grace de m'avoir délivré de cette bête. Maintenant que vous l'avez tuée, je m'en vais l'achever, et en triompher avec vous.

(Moron donne mille coups à l'ours qui est mort.)

## ENTRÉE DE BALLET.

Les chasseurs dansent pour témoigner leur joie d'avoir remporté la victoire.

FIN DU PREMIER INTERMÈDE.

# ACTE SECOND.

## SCÈNE I.

LA PRINCESSE, AGLANTE, CYNTHIE, PHILIS.

LA PRINCESSE.

Oui, j'aime à demeurer dans ces paisibles lieux ;
On n'y découvre rien qui n'enchante les yeux,
Et de tous nos palais la savante structure
Cède aux simples beautés qu'y forme la nature.
Ces arbres, ces rochers, cette eau, ces gazons frais,
Ont pour moi des appas à ne lasser jamais.

AGLANTE.

Je chéris comme vous ces retraites tranquilles,
Où l'on se vient sauver de l'embarras des villes :
De mille objets charmants ces lieux sont embellis ;
Et ce qui doit surprendre, est qu'aux portes d'Élis
La douce passion de fuir la multitude
Rencontre une si belle et vaste solitude.
Mais, à vous dire vrai, dans ces jours éclatants,
Vos retraites ici me semblent hors de temps ;
Et c'est fort mal traiter l'appareil magnifique
Que chaque prince a fait pour la fête publique.
Ce spectacle pompeux de la course des chars
Devroit bien mériter l'honneur de vos regards.

## LA PRINCESSE.

Quel droit ont-ils chacun d'y vouloir ma présence?
Et que dois-je, après tout, à leur magnificence?
Ce sont soins que produit l'ardeur de m'acquérir,
Et mon cœur est le prix qu'ils veulent tous courir.
Mais, quelque espoir qui flatte un projet de la sorte,
Je me tromperois fort, si pas un d'eux l'emporte.

## CYNTHIE.

Jusques à quand ce cœur veut-il s'effaroucher
Des innocents desseins qu'on a de le toucher,
Et regarder les soins que pour vous on se donne,
Comme autant d'attentats contre votre personne?
Je sais qu'en défendant le parti de l'amour,
On s'expose chez vous à faire mal sa cour :
Mais ce que par le sang j'ai l'honneur de vous être,
S'oppose aux duretés que vous faites paroître;
Et je ne puis nourrir d'un flatteur entretien
Vos résolutions de n'aimer jamais rien.
Est-il rien de plus beau que l'innocente flamme
Qu'un mérite éclatant allume dans une ame?
Et seroit-ce un bonheur de respirer le jour,
Si d'entre les mortels on bannissoit l'amour?
Non, non, tous les plaisirs se goûtent à le suivre;
Et vivre sans aimer n'est pas proprement vivre.

## AGLANTE.

Pour moi, je tiens que cette passion est la plus agréable

Le dessein de l'auteur était de traiter toute la comédie en vers;
mais un commandement du roi, qui pressa cette affaire, l'obligea
d'achever le reste en prose, et de passer légèrement sur plusieurs
scènes, qu'il aurait étendues davantage, s'il avait eu plus de loisir.

affaire de la vie; qu'il est nécessaire d'aimer pour vivre heureusement; et que tous les plaisirs sont fades, s'il ne s'y mêle un peu d'amour.

LA PRINCESSE.

Pouvez-vous bien toutes deux, étant ce que vous êtes, prononcer ces paroles? et ne devez-vous pas rougir d'appuyer une passion qui n'est qu'erreur, que foiblesse et qu'emportement, et dont tous les désordres ont tant de répugnance avec la gloire de notre sexe? J'en prétends soutenir l'honneur jusqu'au dernier moment de ma vie, et ne veux point du tout me commettre à ces gens qui font les esclaves auprès de nous, pour devenir un jour nos tyrans. Toutes ces larmes, tous ces soupirs, tous ces hommages, tous ces respects, sont des embûches qu'on tend à notre cœur, et qui souvent l'engagent à commettre des lâchetés. Pour moi, quand je regarde certains exemples et les bassesses épouvantables où cette passion ravale les personnes sur qui elle étend sa puissance, je sens tout mon cœur qui s'émeut; et je ne puis souffrir qu'une ame qui fait profession d'un peu de fierté ne trouve pas une honte horrible à de telles foiblesses.

CYNTHIE.

Hé! madame, il est de certaines foiblesses qui ne son point honteuses, et qu'il est beau même d'avoir dans le plus hauts degrés de gloire. J'espère que vous changere un jour de pensée; et, s'il plaît au ciel, nous verro votre cœur, avant qu'il soit peu...

LA PRINCESSE.

Arrêtez; n'achevez pas ce souhait étrange : j'ai u horreur trop invincible pour ces sortes d'abaissemen et, si jamais j'étois capable d'y descendre, je serois personne, sans doute, à ne me le point pardonner.

AGLANTE.

Prenez garde, madame : l'Amour sait se venger des mépris que l'on fait de lui; et peut-être...

LA PRINCESSE.

Non, non : je brave tous ses traits; et le grand pouvoir qu'on lui donne n'est rien qu'une chimère et qu'une excuse des foibles cœurs, qui le font invincible pour autoriser leur foiblesse.

CYNTHIE.

Mais enfin toute la terre reconnoît sa puissance, et vous voyez que les dieux mêmes sont assujettis à son empire. On nous fait voir que Jupiter n'a pas aimé pour une fois, et que Diane même, dont vous affectez tant l'exemple, n'a pas rougi de pousser des soupirs d'amour.

LA PRINCESSE.

Les croyances publiques sont toujours mêlées d'erreur. Les dieux ne sont point faits comme se les fait le vulgaire : et c'est leur manquer de respect que de leur attribuer les foiblesses des hommes.

## SCÈNE II.

LA PRINCESSE, AGLANTE, CYNTHIE, PHILIS, MORON.

AGLANTE.

Viens, approche, Moron; viens nous aider à défendre l'amour contre les sentiments de la princesse.

12.

LA PRINCESSE.

Voilà votre parti fortifié d'un grand défenseur!

MORON.

Ma foi, madame, je crois qu'après mon exemple, il n'y a plus rien à dire, et qu'il ne faut plus mettre en doute le pouvoir de l'Amour. J'ai bravé ses armes assez longtemps, et fait de mon drôle comme un autre : mais enfin ma fierté a baissé l'oreille, et vous avez une traîtresse (il montre Philis) qui m'a rendu plus doux qu'un agneau. Après cela on ne doit plus faire aucun scrupule d'aimer; et puisque j'ai bien passé par-là, il peut bien y en passer d'autres.

CYNTHIE.

Quoi! Moron se mêle d'aimer?

MORON.

Fort bien.

CYNTHIE.

Et de vouloir être aimé!

MORON.

Et pourquoi non? Est-ce qu'on n'est pas assez bien fait pour cela? Je pense que ce visage est assez passable, et que, pour le bel air, Dieu merci, nous ne le cédons à personne.

CYNTHIE.

Sans doute, on auroit tort...

## SCÈNE III.

LA PRINCESSE, AGLANTE, CYNTHIE, PHILIS, MORON, LYCAS.

#### LYCAS.

Madame, le prince votre père vient vous trouver ici, et conduit avec lui les princes de Pyle et d'Ithaque, et celui de Messène.

#### LA PRINCESSE.

O ciel! que prétend-il faire en me les amenant? Auroit-il résolu ma perte? et voudroit-il bien me forcer au choix de quelqu'un d'eux?

## SCÈNE IV.

IPHITAS, EURYALE, ARISTOMÈNE, THÉOCLE, LA PRINCESSE, AGLANTE, CYNTHIE, PHILIS, MORON.

#### LA PRINCESSE, à Iphitas.

Seigneur, je vous demande la licence de prévenir par deux paroles la déclaration des pensées que vous pouvez avoir. Il y a deux vérités, seigneur, aussi constantes l'une que l'autre, et dont je puis vous assurer également : l'une, que vous avez un absolu pouvoir sur moi, et que vous ne sauriez m'ordonner rien où je ne réponde aussitôt par une obéissance aveugle; l'autre, que je regarde l'hyménée ainsi que le trépas, et qu'il m'est impossible de forcer cette aversion naturelle. Me donner un mari, et me donner la mort, c'est une même chose; mais votre volonté va la première, et mon obéissance m'est bien plus chère que ma vie. Après cela, parlez, seigneur, prononcez librement ce que vous voulez.

IPHITAS.

Ma fille, tu as tort de prendre de telles alarmes; et je me plains de toi, qui peux mettre dans ta pensée que je sois assez mauvais père pour vouloir faire violence à tes sentiments, et me servir tyranniquement de la puissance que le ciel me donne sur toi. Je souhaite, à la vérité, que ton cœur puisse aimer quelqu'un. Tous mes vœux seroient satisfaits, si cela pouvoit arriver; et je n'ai proposé les fêtes et les jeux que je fais célébrer ici qu'afin d'y pouvoir attirer tout ce que la Grèce a d'illustre, et que parmi cette noble jeunesse tu puisses enfin rencontrer où arrêter tes yeux et déterminer tes pensées. Je ne demande, dis-je, au ciel, autre bonheur que de te voir un époux. J'ai, pour obtenir cette grace, fait encore ce matin un sacrifice à Vénus; et, si je sais bien expliquer le langage des dieux, elle m'a promis un miracle. Mais, quoi qu'il en soit, je veux en user avec toi en père qui chérit sa fille. Si tu trouves où attacher tes vœux, ton choix sera le mien, et je ne considérerai ni intérêt d'État, ni avantages d'alliance; si ton cœur demeure insensible, je n'entreprendrai point de le forcer: mais au moins sois complaisante aux civilités qu'on te rend, et ne m'oblige point à faire les excuses de ta froideur; traite ces princes avec l'estime que tu leur dois;

reçois avec reconnoissance les témoignages de leur zèle, et viens voir cette course où leur adresse va paroître.

THÉOCLE, à la princesse.

Tout le monde va faire des efforts pour remporter le prix de cette course; mais, à vous dire vrai, j'ai peu d'ardeur pour la victoire, puisque ce n'est pas votre cœur qu'on y doit disputer.

ARISTOMÈNE.

Pour moi, madame, vous êtes le seul prix que je me propose partout. C'est vous que je crois disputer dans ces combats d'adresse; et je n'aspire maintenant à remporter l'honneur de cette course que pour obtenir un degré de gloire qui m'approche de votre cœur.

EURYALE.

Pour moi, madame, je n'y vais point du tout avec cette pensée. Comme j'ai fait toute ma vie profession de ne rien aimer, tous les soins que je prends ne vont point où tendent les autres. Je n'ai aucune prétention sur votre cœur, et le seul honneur de la course est tout l'avantage où j'aspire.

## SCÈNE V.

LA PRINCESSE, AGLANTE, CYNTHIE, PHILIS, MORON.

LA PRINCESSE.

D'où sort cette fierté, où l'on ne s'attendoit point? Princesses, que dites-vous de ce jeune prince? Avez-vous remarqué de quel ton il l'a pris?

AGLANTE.

Il est vrai que cela est un peu fier.

MORON, à part.

Ah! quelle brave botte il vient là de lui porter!

LA PRINCESSE.

Ne trouvez-vous pas qu'il y auroit plaisir d'abaisser son orgueil, et de soumettre un peu ce cœur qui tranche tant du brave!

CYNTHIE.

Comme vous êtes accoutumée à ne jamais recevoir que des hommages et des adorations de tout le monde, un compliment pareil au sien doit vous surprendre, à la vérité.

LA PRINCESSE.

Je vous avoue que cela m'a donné de l'émotion, et que je souhaiterois fort de trouver les moyens de châtier cette hauteur. Je n'avois pas beaucoup d'envie de me trouver à cette course; mais j'y veux aller exprès, et employer toute chose pour lui donner de l'amour.

CYNTHIE.

Prenez garde, madame : l'entreprise est périlleuse; et lorsqu'on veut donner de l'amour, on court risque d'en recevoir.

LA PRINCESSE.

Ah! n'appréhendez rien, je vous prie. Allons, je vous réponds de moi.

FIN DU SECOND ACTE.

# SECOND INTERMÈDE.

## SCÈNE I.

### PHILIS, MORON.

MORON.

Philis, demeure ici.

PHILIS.

Non, laisse-moi suivre les autres.

MORON.

Ah! cruelle, si c'étoit Tircis qui t'en priât, tu demeurerois bien vite.

PHILIS.

Cela se pourroit faire: et je demeure d'accord que je trouve bien mieux mon compte avec l'un qu'avec l'autre; car il me divertit avec sa voix, et toi, tu m'étourdis de ton caquet. Lorsque tu chanteras aussi bien que lui, je te promets de t'écouter.

MORON.

Hé! demeure un peu.

PHILIS.

Je ne saurois.

MORON.

De grace!

PHILIS.

Point, te dis-je.

MORON, retenant Philis.

Je ne te laisserai point aller....

PHILIS.

Ah! que de façons!

MORON.

Je ne demande qu'un moment à être avec toi.

PHILIS.

Hé bien! oui, j'y demeurerai, pourvu que tu me promettes une chose.

MORON.

Et quelle?

PHILIS.

De ne me parler point du tout.

MORON.

Hé! Philis!

PHILIS.

A moins que de cela, je ne demeurerai point avec toi.

MORON.

Veux-tu me...?

PHILIS.

Laisse-moi aller.

MORON.

Hé bien! oui, demeure : je ne te dirai mot.

PHILIS.

Prends-y bien garde, au moins; car, à la moindre parole, je prends la fuite.

MORON.

Soit.

(Après avoir fait une scène de gestes.)

Ah! Philis!... Hé!...

## SCÈNE II.

### MORON.

Elle s'enfuit, et je ne saurois l'attraper. Voilà ce que c'est : si je savois chanter, j'en ferois bien mieux mes affaires. La plupart des femmes aujourd'hui se laissent prendre par les oreilles : elles sont cause que tout le monde se mêle de musique, et l'on ne réussit auprès d'elles que par les petites chansons et les petits vers qu'on leur fait entendre. Il faut que j'apprenne à chanter, pour faire comme les autres. Bon ! voici justement mon homme.

## SCÈNE III.

### UN SATYRE, MORON.

LE SATYRE chante.

La, la, la.

MORON.

Ah ! satyre mon ami, tu sais bien ce que tu m'as promis il y a long-temps : apprends-moi à chanter, je te prie.

LE SATYRE, en chantant.

Je le veux. Mais auparavant écoute une chanson que je viens de faire.

MORON, bas, à part.

Il est si accoutumé à chanter, qu'il ne sauroit parler d'autre façon. (Haut.) Allons, chante, j'écoute.

LE SATYRE chante.

Je portois...

MORON.

Une chanson, dis-tu?

LE SATYRE.

Je port...

MORON.

Une chanson à chanter?

LE SATYRE.

Je port...

MORON.

Chanson amoureuse? Peste!

LE SATYRE.

   Je portois dans une cage
   Deux moineaux que j'avois pris,
   Lorsque la jeune Chloris
   Fit, dans un sombre bocage,
   Briller à mes yeux surpris
   Les fleurs de son beau visage.
Hélas! dis-je aux moineaux, en recevant les coups
De ces yeux si savants à faire des conquêtes,
   Consolez-vous, pauvres petites bêtes,
Celui qui vous a pris est bien plus pris que vous.

MORON demande au satyre une chanson plus passionnée, et le prie de lui dire celle qu'il lui avoit ouï chanter quelques jours auparavant.

LE SATYRE chante.

   Dans vos chants si doux
   Chantez à ma belle,
   Oiseaux, chantez tous
   Ma peine mortelle:
   Mais si la cruelle
   Se met en courroux
   Au récit fidèle

Des maux que je sens pour elle,
Oiseaux, taisez-vous.

MORON.

Ah ! qu'elle est belle ! Apprends-la-moi.

LE SATYRE.

La, la, la, la.

MORON.

La, la, la, la.

LE SATYRE.

Fa, fa, fa, fa.

MORON.

Fat toi-même.

## ENTRÉE DE BALLET.

Le satyre en colère menace Moron, et plusieurs satyres dansent une entrée plaisante.

FIN DU SECOND INTERMÈDE.

# ACTE TROISIÈME.

## SCÈNE I.

LA PRINCESSE, AGLANTE, CYNTHIE, PHILIS.

### CYNTHIE.

Il est vrai, madame, que ce jeune prince a fait voir une adresse non commune, et que l'air dont il a paru a été quelque chose de surprenant. Il sort vainqueur de cette course : mais je doute fort qu'il en sorte avec le même cœur qu'il y a porté ; car enfin vous lui avez tiré des traits dont il est difficile de se défendre ; et, sans parler de tout le reste, la grace de votre danse et la douceur de votre voix ont eu des charmes aujourd'hui à toucher les plus insensibles.

### LA PRINCESSE.

Le voici qui s'entretient avec Moron, nous saurons un peu de quoi il lui parle. Ne rompons point encore leur entretien, et prenons cette route pour revenir à leur rencontre.

## SCÈNE II.

EURYALE, ARBATE, MORON.

### EURYALE.

Ah! Moron, je te l'avoue, j'ai été enchanté, et jamais tant de charmes n'ont frappé tout ensemble mes yeux et mes oreilles. Elle est adorable en tout temps, il est vrai ; mais ce moment l'a emporté sur tous les autres, et des graces nouvelles ont redoublé l'éclat de ses beautés. Jamais son visage ne s'est paré de plus vives couleurs, ni ses yeux ne se sont armés de traits plus vifs et plus perçants. La douceur de sa voix a voulu se faire paroître dans un air tout charmant qu'elle a daigné chanter; et les sons merveilleux qu'elle formoit passoient jusqu'au fond de mon ame, et tenoient tous mes sens dans un ravissement à ne pouvoir en revenir. Elle a fait éclater ensuite une disposition toute divine; et ses pieds amoureux sur l'émail d'un tendre gazon traçoient d'aimables caractères qui m'enlevoient hors de moi-même, et m'attachoient par des nœuds invincibles aux doux et justes mouvements dont tout son corps suivoit les mouvements de l'harmonie. Enfin jamais amé n'a eu de plus puissantes émotions que la mienne; et j'ai pensé plus de vingt fois oublier ma résolution pour me jeter à ses pieds, et lui faire un aveu sincère de l'ardeur que je sens pour elle.

MORON.

Donnez-vous-en bien de garde, seigneur, si vous m'en voulez croire. Vous avez trouvé la meilleure invention du monde; et je me trompe fort si elle ne vous réussit. Les femmes sont des animaux d'un naturel bizarre; nous les gâtons par nos douceurs; et je crois tout de bon que nous les verrions nous courir, sans tous ces respects et ces soumissions où les hommes les accoquinent.

ARBATE.

Seigneur, voici la princesse qui s'est un peu éloignée de sa suite.

MORON.

Demeurez ferme au moins dans le chemin que vous avez pris; je m'en vais voir ce qu'elle me dira. Cependant promenez-vous ici dans ces petites routes sans faire semblant d'avoir envie de la joindre; et, si vous l'abordez, demeurez avec elle le moins qu'il vous sera possible.

## SCÈNE III.

### LA PRINCESSE, MORON.

LA PRINCESSE.

Tu as donc familiarité, Moron, avec le prince d'Ithaque?

MORON.

Ah! madame, il y a long-temps que nous nous connoissons.

LA PRINCESSE.

D'où vient qu'il n'est pas venu jusqu'ici, et qu'il a pris cette autre route quand il m'a vue?

MORON.

C'est un homme bizarre, qui ne se plaît qu'à entretenir ses pensées.

LA PRINCESSE.

Étois-tu tantôt au compliment qu'il m'a fait?

MORON.

Oui, madame, j'y étois; et je l'ai trouvé un peu impertinent, n'en déplaise à sa principauté.

LA PRINCESSE.

Pour moi, je le confesse, Moron, cette fuite m'a cho

## ACTE III, SCÈNE III.

quée; et j'ai toutes les envies du monde de l'engager, pour rabattre un peu son orgueil.

MORON.

Ma foi, madame, vous ne feriez pas mal; il le mériteroit bien : mais, à vous dire vrai, je doute fort que vous y puissiez réussir.

LA PRINCESSE.

Comment!

MORON.

Comment! c'est le plus orgueilleux petit vilain que vous ayez jamais vu. Il lui semble qu'il n'y a personne au monde qui le mérite, et que la terre n'est pas digne de le porter.

LA PRINCESSE.

Mais encore, ne t'a-t-il point parlé de moi?

MORON.

Lui? non.

LA PRINCESSE.

Il ne t'a rien dit de ma voix et de ma danse?

MORON.

Pas le moindre mot.

LA PRINCESSE.

Certes, ce mépris est choquant, et je ne puis souffrir cette hauteur étrange de ne rien estimer.

MORON.

Il n'estime et n'aime que lui.

LA PRINCESSE.

Il n'y a rien que je ne fasse pour le soumettre comme il faut.

MORON.

Nous n'avons point de marbre dans nos montagnes qui soit plus dur et plus insensible que lui.

LA PRINCESSE.

Le voilà.

MORON.

Voyez-vous comme il passe sans prendre garde à vous?

LA PRINCESSE.

De grace, Moron, va le faire aviser que je suis ici, et l'oblige à me venir aborder.

## SCÈNE IV.

LA PRINCESSE, EURYALE, ARBATE, MORON.

MORON, *allant au-devant d'Euryale, et lui parlant bas.*

Seigneur, je vous donne avis que tout va bien. La princesse souhaite que vous l'abordiez : mais songez bien à continuer votre rôle; et, de peur de l'oublier, ne soyez pas long-temps avec elle.

LA PRINCESSE.

Vous êtes bien solitaire, seigneur; et c'est une humeur bien extraordinaire que la vôtre, de renoncer ainsi à notre sexe, et de fuir, à votre âge, cette galanterie dont se piquent tous vos pareils.

EURYALE.

Cette humeur, madame, n'est pas si extraordinaire qu'on n'en trouvât des exemples sans aller loin d'ici; et vous ne sauriez condamner la résolution que j'ai prise de n'aimer jamais rien sans condamner aussi vos sentiments.

LA PRINCESSE.

Il y a grande différence; et ce qui sied bien à un sexe ne sied pas bien à l'autre. Il est beau qu'une femme soit insensible, et conserve son cœur exempt des flammes de l'amour : mais ce qui est vertu en elle devient un crime dans un homme; et, comme la beauté est le partage de notre sexe, vous ne sauriez ne nous point aimer sans nous dérober les hommages qui nous sont dus, et commettre une offense dont nous devons toutes nous ressentir.

EURYALE.

Je ne vois pas, madame, que celles qui ne veulent point aimer doivent prendre aucun intérêt à ces sortes d'offenses.

LA PRINCESSE.

Ce n'est pas une raison, seigneur; et sans vouloir aimer, on est toujours bien aise d'être aimée.

EURYALE.

Pour moi, je ne suis pas de même; et, dans le dessein de ne rien aimer, je serois fâché d'être aimé.

LA PRINCESSE.

Et la raison?

EURYALE.

C'est qu'on a obligation à ceux qui nous aiment, et que je serois fâché d'être ingrat.

LA PRINCESSE.

Si bien donc que, pour fuir l'ingratitude, vous aimeriez qui vous aimeroit.

EURYALE.

Moi, madame? point du tout. Je dis bien que je serois fâché d'être ingrat; mais je me résoudrois plutôt de l'être que d'aimer.

LA PRINCESSE.

Telle personne vous aimeroit peut-être, que votre cœur...

EURYALE.

Non, madame, rien n'est capable de toucher mon cœur. Ma liberté est la seule maîtresse à qui je consacre mes vœux; et quand le ciel emploieroit ses soins à composer une beauté parfaite, quand il assembleroit en elle tous les dons les plus merveilleux et du corps et de l'ame, enfin quand il exposeroit à mes yeux un miracle d'esprit, d'adresse et de beauté, et que cette personne m'aimeroit avec toutes les tendresses imaginables; je vous l'avoue franchement, je ne l'aimerois pas.

LA PRINCESSE, à part.

A-t-on jamais rien vu de tel!

MORON, à la princesse.

Peste soit du petit brutal! J'aurois bien envie de lui bailler un coup de poing.

LA PRINCESSE, à part.

Cet orgueil me confond; et j'ai un tel dépit, que je ne me sens pas.

MORON, bas, au prince.

Bon! Courage, seigneur! Voilà qui va le mieux du monde.

EURYALE, bas, à Moron.

Ah! Moron, je n'en puis plus, et je me suis fait des efforts étranges.

LA PRINCESSE, à Euryale.

C'est avoir une insensibilité bien grande, que de parler comme vous faites.

EURYALE.

Le ciel ne m'a pas fait d'une autre humeur. Mais, madame, j'interromps votre promenade, et mon respect doit m'avertir que vous aimez la solitude.

## SCÈNE V.

LA PRINCESSE, MORON.

MORON.

Il ne vous en doit rien, madame, en dureté de cœur.

LA PRINCESSE.

Je donnerois volontiers tout ce que j'ai au monde pour avoir l'avantage d'en triompher.

MORON.

Je le crois.

LA PRINCESSE.

Ne pourrois-tu, Moron, me servir dans un tel dessein?

MORON.

Vous savez bien, madame, que je suis tout à votre service.

LA PRINCESSE.

Parle-lui de moi dans tes entretiens, vante-lui adroitement ma personne et les avantages de ma naissance, et tâche d'ébranler ses sentiments par la douceur de quelque espoir. Je te permets de dire tout ce que tu voudras pour tâcher à me l'engager.

MORON.

Laissez-moi faire.

LA PRINCESSE.

C'est une chose qui me tient au cœur. Je souhaite ardemment qu'il m'aime.

MORON.

Il est bien fait, oui, ce petit pendard-là; il a bon air,

bonne physionomie; et je crois qu'il seroit assez le fait d'une jeune princesse.

LA PRINCESSE.

Enfin tu peux tout espérer de moi, si tu trouves moyen d'enflammer pour moi son cœur.

MORON.

Il n'y a rien qui ne se puisse faire. Mais, madame, s'il venoit à vous aimer, que feriez-vous, s'il vous plaît?

LA PRINCESSE.

Ah! ce seroit lors que je prendrois plaisir à triompher pleinement de sa vanité, à punir son mépris par mes froideurs, et à exercer sur lui toutes les cruautés que je pourrois imaginer.

MORON.

Il ne se rendra jamais.

LA PRINCESSE.

Ah! Moron, il faut faire en sorte qu'il se rende.

MORON.

Non, il n'en fera rien. Je le connois; ma peine seroit inutile.

LA PRINCESSE.

Si faut-il pourtant tenter toute chose, et éprouver si son ame est entièrement insensible. Allons, je veux lui parler, et suivre une pensée qui vient de me venir.

FIN DU TROISIÈME ACTE.

# TROISIÈME INTERMÈDE.

## SCÈNE I.

### PHILIS, TIRCIS.

#### PHILIS.

Viens, Tircis; laissons-les aller; et me dis un peu ton martyre de la façon que tu sais faire. Il y a long-temps que tes yeux me parlent; mais je suis plus aise d'ouïr ta voix.

#### TIRCIS chante.

Tu m'écoutes, hélas! dans ma triste langueur:
Mais je n'en suis pas mieux, ô beauté sans pareille;
    Et je touche ton oreille
    Sans que je touche ton cœur.

#### PHILIS.

Va, va, c'est déja quelque chose que de toucher l'oreille, et le temps amène tout. Chante-moi cependant quelque plainte nouvelle que tu aies composée pour moi.

## SCÈNE II.

### MORON, PHILIS, TIRCIS.

#### MORON.

Ah! ah! je vous y prends, cruelle : vous vous écartez des autres pour ouïr mon rival!

PHILIS.

Oui, je m'écarte pour cela. Je te le dis encore, je me plais avec lui; et l'on écoute volontiers les amants lorsqu'ils se plaignent aussi agréablement qu'il fait. Que ne chantes-tu comme lui? je prendrois plaisir à t'écouter.

MORON.

Si je ne sais chanter, je sais faire autre chose; et quand....

PHILIS.

Tais-toi! je veux l'entendre: Dis, Tircis, ce que tu voudras.

MORON.

Ah! cruelle...

PHILIS.

Silence, dis-je, ou je me mettrai en colère.

TIRCIS chante.

Arbres épais, et vous, prés émaillés,
La beauté dont l'hiver vous avoit dépouillés
    Par le printemps vous est rendue;
    Vous reprenez tous vos appas:
    Mais mon ame ne reprend pas
    La joie, hélas! que j'ai perdue.

MORON.

Morbleu! que n'ai-je de la voix! Ah! nature marâtre, pourquoi ne m'as-tu pas donné de quoi chanter comme à un autre?

PHILIS.

En vérité, Tircis, il ne se peut rien de plus agréable, et tu l'emportes sur tous les rivaux que tu as.

MORON.

Mais pourquoi est-ce que je ne puis pas chanter? N'ai-je pas un estomac, un gosier, une langue, comme u autre? Oui, oui, allons; je veux chanter aussi, et t montrer que l'amour fait faire toutes choses. Voici une chanson que j'ai faite pour toi.

PHILIS.

Oui! dis. Je veux bien t'écouter pour la rareté du fait.

MORON.

Courage, Moron! Il n'y a qu'à avoir de la hardiesse.

(Il chante.)

    Ton extrême rigueur
    S'acharne sur mon cœur.
    Ah! Philis, je trépasse :
    Daigne me secourir!
    En seras-tu plus grasse
    De m'avoir fait mourir?

*Vivat* Moron!

PHILIS.

Voilà qui est le mieux du monde. Mais, Moron, je souhaiterois bien d'avoir la gloire que quelque amant fût mort pour moi. C'est un avantage dont je n'ai pas encore joui, et je trouve que j'aimerois de tout mon cœur une personne qui m'aimeroit assez pour se donner la mort.

MORON.

Tu aimerois une personne qui se tueroit pour toi?

PHILIS.

Oui.

MORON.

Il ne faut que cela pour te plaire?

PHILIS.

Non.

MORON.

Voilà qui est fait. Je veux te montrer que je me sais tuer quand je veux.

TIRCIS chante.

Ah ! quelle douceur extrême
De mourir pour ce qu'on aime !

MORON, à Tircis.

C'est un plaisir que vous aurez quand vous voudrez.

TIRCIS chante.

Courage, Moron ! meurs promptement
En généreux amant.

MORON, à Tircis.

Je vous prie de vous mêler de vos affaires, et de me laisser tuer à ma fantaisie. Allons, je vais faire honte à tous les amants.

(A Philis).

Tiens, je ne suis pas homme à faire tant de façons. Vois ce poignard; prends bien garde comme je vais me percer le cœur... Je suis votre serviteur. Quelque niais...

PHILIS.

Allons, Tircis : Viens-t'en me redire à l'écho ce que tu m'as chanté.

FIN DU TROISIÈME INTERMÈDE.

# ACTE QUATRIÈME.

## SCÈNE I.

### LA PRINCESSE, EURYALE, MORON.

LA PRINCESSE.

Prince, comme jusqu'ici nous avons fait paroître une conformité de sentiments, et que le ciel a semblé mettre en nous mêmes attachements pour notre liberté, et même aversion pour l'amour, je suis bien aise de vous ouvrir mon cœur, et de vous faire confidence d'un changement dont vous serez surpris. J'ai toujours regardé l'hymen comme une chose affreuse; et j'avois fait serment d'abandonner plutôt la vie que de me résoudre jamais à perdre cette liberté pour qui j'avois des tendresses si grandes: mais enfin un moment a dissipé toutes ces résolutions. Le mérite d'un prince m'a frappé aujourd'hui les yeux; et mon ame tout d'un coup, comme par un miracle, est devenue sensible aux traits de cette passion que j'avois toujours méprisée. J'ai trouvé d'abord des raisons pour autoriser ce changement, et je puis l'appuyer de ma volonté de répondre aux ardentes sollicitations d'un père et aux vœux de tout un État: mais, à vous dire vrai, je suis en peine du jugement que vous ferez de moi, et je voudrois savoir si vous condamnerez ou non le dessein que j'ai de me donner un époux.

EURYALE.

Vous pourriez faire un tel choix, madame, que je l'approuverois sans doute.

LA PRINCESSE.

Qui croyez-vous, à votre avis, que je veuille choisir?

EURYALE.

Si j'étois dans votre cœur, je pourrois vous le dire; mais comme je n'y suis pas, je n'ai garde de vous répondre.

LA PRINCESSE.

Devinez, pour voir, et nommez quelqu'un.

EURYALE.

J'aurois trop peur de me tromper.

LA PRINCESSE.

Mais encore, pour qui souhaiteriez-vous que je me déclarasse?

EURYALE.

Je sais bien, à vous dire vrai, pour qui je le souhaiterois: mais, avant que de m'expliquer, je dois savoir votre pensée.

LA PRINCESSE.

Hé bien! prince, je veux bien vous la découvrir. Je suis sûre que vous allez approuver mon choix; et, pour ne vous point tenir en suspens davantage, le prince de Messène est celui de qui le mérite s'est attiré mes vœux.

EURYALE, à part.

O ciel!

LA PRINCESSE, bas, à Moron.

Mon invention a réussi, Moron. Le voilà qui se trouble.

MORON, à la princesse.

Bon, madame. (Au prince) Courage, seigneur. (A la princesse.) Il en tient. (Au prince.) Ne vous défaites pas.

LA PRINCESSE, à Euryale.

Ne trouvez-vous pas que j'ai raison, et que ce prince a tout le mérite qu'on peut avoir?

MORON, bas, au prince.

Remettez-vous, et songez à répondre.

LA PRINCESSE.

D'où vient, prince, que vous ne dites mot, et semblez interdit?

EURYALE.

Je le suis, à la vérité; et j'admire, madame, comme le ciel a pu former deux ames aussi semblables en tout que les nôtres, deux ames en qui l'on ait vu une plus grande conformité de sentiments, qui aient fait éclater dans le même temps une résolution à braver les traits de l'Amour, et qui, dans le même moment, aient fait paroître une égale facilité à perdre le nom d'insensibles. Car enfin, madame, puisque votre exemple m'autorise, je ne feindrai point de vous dire que l'amour aujourd'hui s'est rendu maître de mon cœur, et qu'une des princesses vos cousines, l'aimable et belle Aglante, a renversé d'un coup-d'œil tous les projets de ma fierté. Je suis ravi, madame, que, par cette égalité de défaite, nous n'ayons rien à nous reprocher l'un et l'autre; et je ne doute point que, comme je vous loue infiniment de votre choix, vous n'approuviez aussi le mien. Il faut que ce miracle éclate aux yeux de tout le monde; et nous ne devons point différer à nous rendre tous deux contents. Pour moi, madame, je vous sollicite de vos suffrages pour obtenir celle que je souhaite, et vous trouverez bon que j'aille de ce pas en faire la demande au prince votre père.

MORON, bas, à Euryale.

Ah! digne, ah! brave cœur!

## SCÈNE II.

### LA PRINCESSE, MORON.

LA PRINCESSE.

Ah! Moron, je n'en puis plus; et ce coup, que je n'attendois pas, triomphe absolument de toute ma fermeté.

MORON.

Il est vrai que le coup est surprenant, et j'avois cru d'abord que votre stratagème avoit fait son effet.

LA PRINCESSE.

Ah! ce m'est un dépit à me désespérer, qu'une autre ait l'avantage de soumettre ce cœur que je voulois soumettre.

## SCÈNE III.

### LA PRINCESSE, AGLANTE, MORON.

LA PRINCESSE.

Princesse, j'ai à vous prier d'une chose qu'il faut absolument que vous m'accordiez. Le prince d'Ithaque vous aime, et veut vous demander au prince mon père.

##### AGLANTE.

Le prince d'Ithaque, madame !

##### LA PRINCESSE.

Oui. Il vient de m'en assurer lui-même, et m'a demandé mon suffrage pour vous obtenir ; mais je vous conjure de rejeter cette proposition, et de ne point prêter l'oreille à tout ce qu'il pourra vous dire.

##### AGLANTE.

Mais, madame, s'il étoit vrai que ce prince m'aimât effectivement, pourquoi, n'ayant aucun dessein de vous engager, ne voudriez-vous pas souffrir... ?

##### LA PRINCESSE.

Non, Aglante, je vous le demande ; faites-moi ce plaisir, je vous prie ; et trouvez bon que, n'ayant pu avoir l'avantage de le soumettre, je lui dérobe la joie de vous obtenir.

##### AGLANTE.

Madame, il faut vous obéir ; mais je croirois que la conquête d'un tel cœur ne seroit pas une victoire à dédaigner.

##### LA PRINCESSE.

Non, non, il n'aura pas la joie de me braver entièrement.

## SCÈNE IV.

### LA PRINCESSE, ARISTOMÈNE, AGLANTE, MORON.

##### ARISTOMÈNE.

Madame, je viens à vos pieds rendre grace à l'amour.

de mes heureux destins, et vous témoigner avec transport le ressentiment où je suis des bontés surprenantes dont vous daignez favoriser le plus soumis de vos captifs.

LA PRINCESSE.

Comment?

ARISTOMÈNE.

Le prince d'Ithaque, madame, vient de m'assurer tout à l'heure que votre cœur avoit eu la bonté de s'expliquer en ma faveur sur ce célèbre choix qu'attend toute la Grèce.

LA PRINCESSE.

Il vous a dit qu'il tenoit cela de ma bouche?

ARISTOMÈNE.

Oui, madame.

LA PRINCESSE.

C'est un étourdi : et vous êtes un peu trop crédule, prince, d'ajouter foi si promptement à ce qu'il vous a dit. Une pareille nouvelle mériteroit bien, ce me semble, qu'on en doutât un peu de temps ; et c'est tout ce que vous pourriez faire de la croire, si je vous l'avois dite moi-même.

ARISTOMÈNE.

Madame, si j'ai été trop prompt à me persuader...

LA PRINCESSE.

De grace, prince, brisons là ce discours ; et, si vous voulez m'obliger, souffrez que je puisse jouir de deux moments de solitude.

## SCÈNE V.

LA PRINCESSE, AGLANTE, MORON.

### LA PRINCESSE.

Ah! qu'en cette aventure le ciel me traite avec une rigueur étrange! Au moins, princesse, souvenez-vous de la prière que je vous ai faite.

### AGLANTE.

Je vous l'ai dit déja, madame, il faut vous obéir.

## SCÈNE VI.

LA PRINCESSE, MORON.

### MORON.

Mais, madame, s'il vous aimoit, vous n'en voudriez point; et cependant vous ne voulez pas qu'il soit à une autre. C'est faire justement comme le chien du jardinier.

### LA PRINCESSE.

Non, je ne puis souffrir qu'il soit heureux avec une autre; et, si la chose étoit, je crois que j'en mourrois de déplaisir.

### MORON.

Ma foi, madame, avouons la dette : vous voudriez qu'il fût à vous; et dans toutes vos actions il est aisé de voir que vous aimez un peu ce jeune prince.

### LA PRINCESSE.

Moi, je l'aime! O ciel! je l'aime! Avez-vous l'insolence

de prononcer ces paroles? Sortez de ma vue, impudent, et ne vous présentez jamais devant moi.

MORON.

Madame...

LA PRINCESSE.

Retirez-vous d'ici, vous dis-je, ou je vous en ferai retirer d'une autre manière.

MORON, bas, à part.

Ma foi, son cœur en a sa provision, et...

(Il rencontre un regard de la princesse, qui l'oblige à se retirer.)

## SCÈNE VII.

LA PRINCESSE.

De quelle émotion inconnue sens-je mon cœur atteint? et quelle inquiétude secrète est venue troubler tout d'un coup la tranquillité de mon ame? Ne seroit-ce point aussi ce qu'on vient de me dire? et, sans en rien savoir, n'aimerois-je point ce jeune prince? Ah! si cela étoit, je serois personne à me désespérer. Mais il est impossible que cela soit, et je vois bien que je ne puis pas l'aimer. Quoi! je serois capable de cette lâcheté! J'ai vu toute la terre à mes pieds avec la plus grande insensibilité du monde; les respects, les hommages et les soumissions, n'ont jamais pu toucher mon ame : et la fierté et le dédain en auroient triomphé! J'ai méprisé tous ceux qui m'ont aimée; et j'aimerois le seul qui me méprise! Non, non, je sais bien que je ne l'aime pas. Il n'y a pas de raison à cela. Mais si ce n'est pas de l'amour que ce que je sens maintenant, qu'est-ce donc que ce peut être? et d'où vient ce poison qui me court par toutes les veines, et ne me laisse point en repos avec moi-même? Sors de mon cœur, qui que tu sois, ennemi qui te caches; attaque-moi visiblement, et deviens à mes yeux la plus affreuse bête de tous nos bois, afin que mon dard et mes flèches me puissent défaire de toi.

FIN DU QUATRIÈME ACTE.

# QUATRIÈME INTERMÈDE.

## SCÈNE I.

### LA PRINCESSE.

O vous, admirables personnes qui, par la douceur de vos chants, avez l'art d'adoucir les plus fâcheuses inquiétudes, approchez-vous d'ici, de grace, et tâchez de charmer avec votre musique le chagrin où je suis.

## SCÉNE II.

### LA PRINCESSE, CLIMÈNE, PHILIS.

CLIMÈNE chante.
Chère Philis, dis-moi, que crois-tu de l'amour ?
PHILIS chante.
Toi-même, qu'en crois-tu, ma compagne fidèle ?
CLIMÈNE.
On m'a dit que sa flamme est pire qu'un vautour,
Et qu'on souffre en aimant une peine cruelle.
PHILIS.
On m'a dit qu'il n'est point de passion plus belle,
Et que ne pas aimer, c'est renoncer au jour.
CLIMÈNE.
A qui des deux donnerons-nous victoire ?

PHILIS.

Qu'en croirons-nous, ou le mal, ou le bien?

TOUTES DEUX ENSEMBLE.

Aimons, c'est le vrai moyen
De savoir ce qu'on en doit croire.

PHILIS.

Chloris vante partout l'amour et ses ardeurs.

CLIMÈNE.

Amarante pour lui verse en tous lieux des larmes.

PHILIS.

Si de tant de tourments il accable les cœurs,
 D'où vient qu'on aime à lui rendre les armes?

CLIMÈNE.

Si sa flamme, Philis, est si pleine de charmes,
Pourquoi nous défend-on d'en goûter les douceurs?

PHILIS.

A qui des deux donnerons-nous victoire?

CLIMÈNE.

Qu'en croirons-nous, ou le mal, ou le bien?

TOUTES DEUX ENSEMBLE.

Aimons, c'est le vrai moyen
De savoir ce qu'on en doit croire.

LA PRINCESSE.

Achevez seules, si vous le voulez. Je ne saurois demeurer en repos; et quelque douceur qu'aient vos chants, ils ne font que redoubler mon inquiétude.

FIN DU QUATRIÈME INTERMÈDE.

# ACTE CINQUIÈME.

## SCÈNE I.

### IPHITAS, EURYALE, AGLANTE, CYNTHIE, MORON.

MORON, à Iphitas.

Oui, seigneur, ce n'est point raillerie; j'en suis ce qu'on appelle disgracié. Il m'a fallu tirer mes chausses au plus vite, et j'amais vous n'avez vu un emportement plus brusque que le sien.

IPHITAS, à Euryale.

Ah! prince, que je devrai de graces à ce stratagème amoureux, s'il faut qu'il ait trouvé le secret de toucher son cœur!

EURYALE.

Quelque chose, seigneur, que l'on vienne de vous en dire, je n'ose encore, pour moi, me flatter de ce doux espoir : mais enfin, si ce n'est pas à moi trop de témérité que d'oser aspirer à l'honneur de votre alliance, si ma personne et mes États...

IPHITAS.

Prince, n'entrons point dans ces compliments. Je trouve en vous de quoi remplir tous les souhaits d'un père; et, si vous avez le cœur de ma fille, il ne vous manque rien.

## SCÈNE II.

LA PRINCESSE, IPHITAS, EURYALE, AGLANTE, CYNTHIE, MORON.

LA PRINCESSE.

O ciel! que vois-je ici?

IPHITAS, à Euryale.

Oui, l'honneur de votre alliance m'est d'un prix très-considérable, et je souscris aisément de tous mes suffrages à la demande que vous me faites.

LA PRINCESSE, à Iphitas.

Seigneur, je me jette à vos pieds pour vous demander une grace. Vous m'avez toujours témoigné une tendresse extrême, et je crois vous devoir bien plus par les bontés que vous m'avez fait voir, que par le jour que vous m'avez donné. Mais, si jamais vous avez eu de l'amitié pour moi, je vous en demande aujourd'hui la plus sensible preuve que vous me puissiez accorder; c'est de n'écouter point, seigneur, la demande de ce prince, et de ne pas souffrir que la princesse Aglante soit unie avec lui.

IPHITAS.

Et par quelle raison, ma fille, voudrois-tu t'opposer à cette union?

LA PRINCESSE.

Par la raison que je hais ce prince, et que je veux, si je puis, traverser ses desseins.

IPHITAS.

Tu le hais, ma fille!

LA PRINCESSE.

Oui, et de tout mon cœur, je vous l'avoue.

IPHITAS.

Et que t'a-t-il fait?

LA PRINCESSE.

Il m'a méprisée.

IPHITAS.

Et comment?

LA PRINCESSE.

Il ne m'a pas trouvée assez bien faite pour m'adresser ses vœux.

IPHITAS.

Et quelle offense te fait cela? tu ne veux accepter personne.

LA PRINCESSE.

N'importe : il me devoit aimer comme les autres, et me laisser au moins la gloire de le refuser. Sa déclaration me fait un affront; et ce m'est une honte sensible, qu'à mes yeux, et au milieu de votre cour, il ait recherché une autre que moi.

IPHITAS.

Mais quel intérêt dois-tu prendre à lui?

LA PRINCESSE.

J'en prends, seigneur, à me venger de son mépris; et comme je sais bien qu'il aime Aglante avec beaucoup d'ardeur, je veux empêcher, s'il vous plaît, qu'il ne soit heureux avec elle.

IPHITAS.

Cela te tient donc bien au cœur?

LA PRINCESSE.

Oui, seigneur, sans doute; et, s'il obtient ce qu'il demande, vous me verrez expirer à vos yeux.

#### IPHITAS.

Va, va, ma fille, avoue franchement la chose; le mérite de ce prince t'a fait ouvrir les yeux, et tu l'aimes enfin, quoi que tu puisses dire.

#### LA PRINCESSE.

Moi, seigneur!

#### IPHITAS.

Oui, tu l'aimes.

#### LA PRINCESSE.

Je l'aime, dites-vous, et vous m'imputez cette lâcheté! O ciel! quelle est mon infortune! Puis-je bien, sans mourir, entendre ces paroles? et faut-il que je sois si malheureuse qu'on me soupçonne de l'aimer? Ah! si c'étoit un autre que vous, seigneur, qui me tînt ce discours, je ne sais pas ce que je ne ferois point.

#### IPHITAS.

Hé bien! oui, tu ne l'aimes pas: tu le hais, j'y consens; et je veux bien, pour te contenter, qu'il n'épouse pas la princesse Aglante.

#### LA PRINCESSE.

Ah! seigneur, vous me donnez la vie.

#### IPHITAS.

Mais, afin d'empêcher qu'il ne puisse être jamais à elle, il faut que tu le prennes pour toi.

#### LA PRINCESSE.

Vous vous moquez, seigneur, et ce n'est pas ce qu'il demande.

#### EURYALE.

Pardonnez-moi, madame, je suis assez téméraire pour cela, et je prends à témoin le prince votre père si ce n'est pas vous que j'ai demandée. C'est trop vous tenir dans l'erreur, il faut lever le masque, et, dussiez-vous vous en prévaloir contre moi, découvrir à vos yeux les véritables sentiments de mon cœur. Je n'ai jamais aimé que vous, et jamais je n'aimerai que vous. C'est vous, madame, qui m'avez enlevé cette qualité d'insensible que j'avois toujours affectée ; et tout ce que j'ai pu vous dire, n'a été qu'une feinte, qu'un mouvement secret m'a inspirée, et que je n'ai suivie qu'avec toutes les violences imaginables. Il falloit qu'elle cessât bientôt sans doute ; et je m'étonne seulement qu'elle ait pu durer la moitié d'un jour : car enfin je mourois, je brûlois dans l'ame, quand je vous déguisois mes sentiments ; et jamais cœur n'a souffert une contrainte égale à la mienne. Que si cette feinte, madame, a quelque chose qui vous offense, je suis tout prêt de mourir pour vous en venger ; vous n'avez qu'à parler, et ma main sur-le-champ fera gloire d'exécuter l'arrêt que vous prononcerez.

LA PRINCESSE.

Non, non, prince, je ne vous sais point mauvais gré de m'avoir abusée ; et tout ce que vous m'avez dit, je l'aime bien mieux une feinte que non pas une vérité.

IPHITAS.

Si bien donc, ma fille, que tu veux bien accepter ce prince pour époux ?

LA PRINCESSE.

Seigneur, je ne sais pas encore ce que je veux. Donnez-moi le temps d'y songer, je vous prie, et m'épargnez un peu la confusion où je suis.

###### IPHITAS.

Vous jugez, prince, ce que cela veut dire; et vous vous pouvez fonder là-dessus.

###### EURYALE.

Je l'attendrai tant qu'il vous plaira, madame, cet arrêt de ma destinée; et, s'il me condamne à la mort, je le suivrai sans murmure.

###### IPHITAS.

Viens, Moron. C'est ici un jour de paix, et je te remets en grace avec la princesse.

###### MORON.

Seigneur, je serai meilleur courtisan une autre fois, et je me garderai bien de dire ce que je pense.

## SCÈNE III.

### ARISTOMÈNE, THÉOCLE, IPHITAS, LA PRINCESSE, EURYALE, AGLANTE, CYNTHIE, MORON.

###### IPHITAS, aux princes de Messène et de Pyle.

Je crains bien, princes, que le choix de ma fille ne soit pas en votre faveur; mais voilà deux princesses qui peuvent bien vous consoler de ce petit malheur.

###### ARISTOMÈNE.

Seigneur, nous savons prendre notre parti; et, si ces aimables princesses n'ont point trop de mépris pour des cœurs qu'on a rebutés, nous pouvons revenir par elles à l'honneur de votre alliance.

## SCÈNE IV.

IPHITAS, LA PRINCESSE, AGLANTE, CYNTHIE, PHILIS, EURYALE, ARISTOMÈNE, THÉOCLE, MORON.

PHILIS, à Iphitas.

Seigneur, la déesse Vénus vient d'annoncer partout le changement du cœur de la princesse. Tous les pasteurs et toutes les bergères en témoignent leur joie par des danses et des chansons; et si ce n'est point un spectacle que vous méprisiez, vous allez voir l'allégresse publique se répandre jusqu'ici.

FIN DU CINQUIÈME ACTE.

# CINQUIÈME INTERMÈDE.

### BERGERS ET BERGÈRES.

QUATRE BERGERS ET DEUX BERGÈRES,
alternativement avec le chœur.

Usez mieux, ô beautés fières,
Du pouvoir de tout charmer :
Aimez, aimables bergères ;
Nos cœurs sont faits pour aimer.
Quelque fort qu'on s'en défende,
Il y faut venir un jour ;
Il n'est rien qui ne se rende
Aux doux charmes de l'amour.

Songez de bonne heure à suivre
Le plaisir de s'enflammer :
Un cœur ne commence à vivre
Que du jour qu'il sait aimer.
Quelque fort qu'on s'en defende,
Il y faut venir un jour ;
Il n'est rien qui ne se rende
Aux doux charmes de l'amour.

## ENTRÉE DE BALLET.

Quatre bergers et quatre bergères dansent sur le chant du chœur.

FIN DE LA PRINCESSE D'ÉLIDE.

# LE
# MARIAGE FORCÉ,

## COMÉDIE

### EN UN ACTE ET EN PROSE,

Représentée au Louvre, sous le titre de *Ballet du Roi*, les 29 et 31 janvier 1664, et sur le théâtre du Palais-Royal, le 15 février de la même année.

## PERSONNAGES.

SGANARELLE, amant de Dorimène.
GERONIMO, ami de Sganarelle.
DORIMÈNE, fille d'Alcantor.
ALCANTOR, père de Dorimène.
ALCIDAS, frère de Dorimène.
LYCASTE, amant de Dorimène.
PANCRACE, docteur aristotélicien.
MARPHURIUS, docteur pyrrhonien.
DEUX BOHÉMIENNES.

La scène est dans une place publique.

# LE MARIAGE FORCÉ.

## SCÈNE PREMIÈRE.

SGANARELLE, parlant à ceux qui sont dans sa maison.

Je suis de retour dans un moment. Que l'on ait bien soin du logis, et que tout aille comme il faut. Si l'on m'apporte de l'argent, que l'on me vienne querir vite chez le seigneur Géronimo; et, si l'on vient m'en demander, qu'on dise que je suis sorti, et que je ne dois revenir de toute la journée.

## SCÈNE II.

SGANARELLE, GÉRONIMO.

GÉRONIMO, ayant entendu les dernières paroles de Sganarelle.
Voilà un ordre fort prudent.

SGANARELLE.
Ah! seigneur Géronimo, je vous trouve à propos; et j'allois chez vous vous chercher.

GÉRONIMO.
Et pour quel sujet, s'il vous plaît?

#### SGANARELLE.

Pour vous communiquer une affaire que j'ai en tête, et vous prier de m'en dire votre avis.

#### GÉRONIMO.

Très-volontiers. Je suis bien aise de cette rencontre, et nous pouvons parler ici en toute liberté.

#### SGANARELLE.

Mettez donc dessus, s'il vous plaît. Il s'agit d'une chose de conséquence que l'on m'a proposée; et il est bon de ne rien faire sans le conseil de ses amis.

#### GÉRONIMO.

Je vous suis obligé de m'avoir choisi pour cela. Vous n'avez qu'à me dire ce que c'est.

#### SGANARELLE.

Mais, auparavant, je vous conjure de ne me point flatter du tout, et de me dire nettement votre pensée.

#### GÉRONIMO.

Je le ferai, puisque vous le voulez.

#### SGANARELLE.

Je ne vois rien de plus condamnable qu'un ami qui ne nous parle point franchement.

#### GÉRONIMO.

Vous avez raison.

#### SGANARELLE.

Et, dans ce siècle, on trouve peu d'amis sincères.

#### GÉRONIMO.

Cela est vrai.

#### SGANARELLE.

Promettez-moi donc, seigneur Géronimo, de me parler avec toute sorte de franchise.

GÉRONIMO.

Je vous le promets.

SGANARELLE.

Jurez-en votre foi.

GÉRONIMO.

Oui, foi d'ami. Dites-moi seulement votre affaire.

SGANARELLE.

C'est que je veux savoir de vous si je ferai bien de me marier.

GÉRONIMO.

Qui? vous?

SGANARELLE.

Oui, moi-même, en propre personne. Quel est votre avis là-dessus?

GÉRONIMO.

Je vous prie auparavant de me dire une chose.

SGANARELLE.

Et quoi?

GÉRONIMO.

Quel âge pouvez-vous bien avoir maintenant?

SGANARELLE.

Moi?

GÉRONIMO.

Oui.

SGANARELLE.

Ma foi, je ne sais; mais je me porte bien.

GÉRONIMO.

Quoi! vous ne savez pas à peu près votre âge?

SGANARELLE.

Non. Est-ce qu'on songe à cela?

GÉRONIMO.

Hé! dites-moi un peu, s'il vous plaît, combien aviez-vous d'années lorsque nous fîmes connoissance?

SGANARELLE.

Ma foi, je n'avois que vingt ans alors.

GÉRONIMO.

Combien fûmes-nous ensemble à Rome?

SGANARELLE.

Huit ans.

GÉRONIMO.

Quel temps avez-vous demeuré en Angleterre?

SGANARELLE.

Sept ans.

GÉRONIMO.

Et en Hollande, où vous fûtes ensuite?

SGANARELLE.

Cinq ans et demi.

GÉRONIMO.

Combien y a-t-il que vous êtes revenu ici?

SGANARELLE.

Je revins en cinquante-deux.

GÉRONIMO.

De cinquante-deux à soixante-quatre il y a douze ans, ce me semble; cinq en Hollande font dix-sept, sept en Angleterre font vingt-quatre, huit dans notre séjour à Rome font trente-deux, et vingt que vous aviez lorsque nous nous connûmes, cela fait justement cinquante-deux: si bien, seigneur Sganarelle, que, sur votre propre confession, vous êtes environ à votre cinquante-deuxième ou cinquante-troisième année.

SGANARELLE.

Qui? moi? Cela ne se peut pas.

GÉRONIMO.

Mon dieu! le calcul est juste; et là-dessus je vous dirai franchement et en ami, comme vous m'avez fait promettre de vous parler, que le mariage n'est guère votre fait. C'est une chose à laquelle il faut que les jeunes gens pensent bien mûrement avant que de la faire : mais les gens de votre age n'y doivent point penser du tout; et si l'on dit que la plus grande de toutes les folies est celle de se marier, je ne vois rien de plus mal à propos que de la faire, cette folie, dans la saison où nous devons être plus sages. Enfin je vous en dis nettement ma pensée: je ne vous conseille point de songer au mariage; et je vous trouverois le plus ridicule du monde, si, ayant été libre jusqu'à cette heure, vous alliez vous charger maintenant de la plus pesante des chaînes.

SGANARELLE.

Et moi, je vous dis que je suis résolu de me marier, et que je ne serai point ridicule en épousant la fille que je recherche.

GÉRONIMO.

Ah! c'est une autre chose. Vous ne m'aviez pas dit cela.

SGANARELLE.

C'est une fille qui me plaît, et que j'aime de tout mon cœur.

GÉRONIMO.

Vous l'aimez de tout votre cœur?

SGANARELLE.

Sans doute, et je l'ai demandée à son père.

GÉRONIMO.

Vous l'avez demandée?

SGANARELLE.

Oui. C'est un mariage qui se doit conclure ce soir; et j'ai donné ma parole.

GÉRONIMO.

Oh! mariez-vous donc; je ne dis plus mot.

SGANARELLE.

Je quitterois le dessein que j'ai fait! Vous semble-t-il, seigneur Géronimo, que je ne sois plus propre à songer à une femme? Ne parlons point de l'âge que je puis avoir : mais regardons seulement les choses. Y a-t-il homme de trente ans qui paroisse plus frais et plus vigoureux que vous me voyez? N'ai-je pas tous les mouvements de mon corps aussi bons que jamais? et voit-on que j'aie besoin de carrosse ou de chaise pour cheminer? N'ai-je pas encore toutes mes dents les meilleures du monde? (Il montre ses dents.) Ne fais-je pas vigoureusement mes quatre repas par jour? et peut-on voir un estomac qui ait plus de force que le mien? (Il tousse.) Hem, hem, hem. Hé! qu'en dites-vous?

GÉRONIMO.

Vous avez raison, je m'étois trompé. Vous ferez bien de vous marier.

SGANARELLE.

J'y ai répugné autrefois; mais j'ai maintenant de puissantes raisons pour cela. Outre la joie que j'aurai de posséder une belle femme qui me dorlotera, et me viendra frotter lorsque je serai las; outre cette joie, dis-je, je considère qu'en demeurant comme je suis, je laisse périr dans le monde la race des Sganarelles, et qu'en me mariant je pourrai me voir revivre en d'autres moi-même; que j'aurai le plaisir de voir des créatures qui seront sorties de moi, de petites figures qui me ressembleront comme deux gouttes d'eau, qui se joueront continuellement dans la maison, qui m'appelleront leur papa quand je reviendrai de la ville, et me diront de petites folies les plus agréables du monde. Tenez, il me semble déja que j'y suis, et que j'en vois une demi-douzaine autour de moi.

GÉRONIMO.

Il n'y a rien de plus agréable que cela; et je vous conseille de vous marier le plus vite que vous pourrez.

SGANARELLE.

Tout de bon, vous me le conseillez?

GÉRONIMO.

Assurément. Vous ne sauriez mieux faire.

SGANARELLE.

Vraiment, je suis ravi que vous me donniez ce conseil en véritable ami.

GÉRONIMO.

Hé! quelle est la personne, s'il vous plaît, avec qui vous allez vous marier?

SGANARELLE.

Dorimène.

GÉRONIMO.

Cette jeune Dorimène si galante et si bien parée?

SGANARELLE.

Oui.

GÉRONIMO.

Fille du seigneur Alcantor?

#### SGANARELLE.

Justement.

#### GÉRONIMO.

Et sœur d'un certain Alcidas qui se mêle de porter l'épée ?

#### SGANARELLE.

C'est cela.

#### GÉRONIMO.

Vertu de ma vie !

#### SGANARELLE.

Qu'en dites-vous ?

#### GÉRONIMO.

Bon parti ! mariez-vous promptement.

#### SGANARELLE.

N'ai-je pas raison d'avoir fait ce choix ?

#### GÉRONIMO.

Sans doute. Ah ! que vous serez bien marié ! Dépêchez-vous de l'être.

#### SGANARELLE.

Vous me comblez de joie de me dire cela. Je vous remercie de votre conseil, et je vous invite ce soir à mes noces.

#### GÉRONIMO.

Je n'y manquerai pas ; et je veux y aller en masque, afin de les mieux honorer.

#### SGANARELLE.

Serviteur.

#### GÉRONIMO, à part.

La jeune Dorimène, fille du seigneur Alcantor, avec le seigneur Sganarelle, qui n'a que cinquante-trois ans !

O le beau mariage ! ô le beau mariage ! (ce qu'il répète plusieurs fois en s'en allant.)

## SCÈNE III.

### SGANARELLE.

Ce mariage doit être heureux ; car il donne de la joie à tout le monde, et je fais rire tous ceux à qui j'en parle. Me voilà maintenant le plus content des hommes.

## SCÈNE IV.

### DORIMÈNE, SGANARELLE.

DORIMÈNE, dans le fond du théâtre, à un petit laquais qui la suit.

Allons, petit garçon, qu'on tienne bien ma queue, et qu'on ne s'amuse pas à badiner.

SGANARELLE, à part, apercevant Dorimène.

Voici ma maîtresse qui vient. Ah ! qu'elle est agréable ! Quel air et quelle taille ! Peut-il y avoir un homme qui n'ait, en la voyant, des démangeaisons de se marier ? (A Dorimène.) Où allez-vous, belle mignonne, chère épouse future de votre époux futur ?

DORIMÈNE.

Je vais faire quelques emplettes.

SGANARELLE.

Hé bien ! ma belle, c'est maintenant que nous allons être heureux l'un et l'autre. Vous ne serez plus en droit de me rien refuser; et je pourrai faire avec vous tout ce qu'il me plaira, sans que personne s'en scandalise. Vous allez être à moi depuis la tête jusqu'aux pieds : et je serai maître de tout; de vos petits yeux éveillés, de votre petit nez fripon, de vos lèvres appétissantes, de vos oreilles amoureuses, de votre petit menton joli, de vos petits têtons rondelets, de votre... enfin toute votre personne sera à ma discrétion, et je serai à même pour vous caresser comme je voudrai. N'êtes-vous pas bien aise de ce mariage, mon aimable pouponne ?

DORIMÈNE.

Tout-à-fait aise, je vous jure. Car enfin la sévérité de mon père m'a tenue jusques ici dans une sujétion la plus fâcheuse du monde. Il y a je ne sais combien que j'enrage du peu de liberté qu'il me donne; et j'ai cent fois souhaité qu'il me mariât, pour sortir promptement de la contrainte où j'étois avec lui, et me voir en état de faire ce que je voudrai. Dieu merci, vous êtes venu heureusement pour cela; et je me prépare désormais à me donner du divertissement, et à réparer comme il faut le temps que j'ai perdu. Comme vous êtes un fort galant homme, et que vous savez comme il faut vivre, je crois que nous ferons le meilleur ménage du monde ensemble, et que vous ne serez point de ces maris incommodes qui veulent que leurs femmes vivent comme des loups-garous. Je vous avoue que je ne m'accommoderois pas de cela, et que la solitude me desespère. J'aime le jeu, les visites, les assemblées, les cadeaux et les promenades, en un mot toutes les choses de plaisir; et vous devez être ravi d'avoir une femme de mon humeur. Nous n'aurons jamais aucun démêlé ensemble : et je ne vous contraindrai point dans vos actions, comme j'espère que, de votre côté, vous ne me contraindrez point dans les miennes ; car pour moi, je tiens qu'il faut avoir une complaisance mutuelle, et qu'on ne se doit point marier pour se faire enrager l'un l'autre. Enfin nous vivrons, étant mariés, comme deux personnes qui savent leur monde : aucun soupçon jaloux ne nous troublera la cervelle ; et c'est assez que vous serez assuré de ma fidélité, comme je serai persuadée de la vôtre. Mais qu'avez-vous ? je vous vois tout changé de visage.

SGANARELLE.

Ce sont quelques vapeurs qui me viennent de monter à la tête.

DORIMÈNE.

C'est un mal aujourd'hui qui attaque beaucoup de gens ; mais notre mariage vous dissipera tout cela. Adieu : il me tarde déja que je n'aie des habits raisonnables pour quitter vite ces guenilles. Je m'en vais de ce pas achever d'acheter toutes les choses qu'il me faut, et je vous envoierai les marchands.

## SCÈNE V.

### GÉRONIMO, SGANARELLE.

GÉRONIMO.

Ah ! seigneur Sganarelle, je suis ravi de vous trouver encore ici ; et j'ai rencontré un orfèvre qui, sur le bruit que vous cherchiez quelque beau diamant en bague pour faire un présent à votre épouse, m'a fort prié de vous venir parler pour lui, et de vous dire qu'il en a un à vendre, le plus parfait du monde.

SGANARELLE.

Mon dieu! cela n'est pas pressé.

GÉRONIMO.

Comment! que veut dire cela? Où est l'ardeur que vous montriez tout à l'heure?

SGANARELLE.

Il m'est venu, depuis un moment, de petits scrupules sur le mariage. Avant que de passer plus avant, je voudrois bien agiter à fond cette matière, et que l'on m'expliquât un songe que j'ai fait cette nuit, et qui vient tout à l'heure de me revenir dans l'esprit. Vous savez que les songes sont comme des miroirs où l'on découvre quelquefois tout ce qui nous doit arriver. Il me sembloit que j'étois dans un vaisseau, sur une mer bien agitée, et que...

GÉRONIMO.

Seigneur Sganarelle, j'ai maintenant quelque petite affaire qui m'empêche de vous ouïr. Je n'entends rien du tout aux songes; et, quant au raisonnement du mariage, vous avez deux savants, deux philosophes vos voisins, qui sont gens à vous débiter tout ce qu'on peut dire sur ce sujet. Comme ils sont de sectes différentes, vous pouvez examiner leurs diverses opinions là-dessus. Pour moi, je me contente de ce que je vous ai dit tantôt, et demeure votre serviteur.

SGANARELLE, seul.

Il a raison: il faut que je consulte un peu ces gens-là sur l'incertitude où je suis.

## SCÈNE VI.

### PANCRACE, SGANARELLE.

PANCRACE, se retournant du côté par où il est entré, et sans voir Sganarelle.

Allez, vous êtes un impertinent, mon ami, un homme ignare de toute bonne discipline, bannissable de la république des lettres.

SGANARELLE.

Ah! bon. En voici un fort à propos.

PANCRACE, de même, sans voir Sganarelle.

Oui, je te soutiendrai par vives raisons, je te montrerai par Aristote, le philosophe des philosophes, que tu es un ignorant, un ignorantissime, ignorantifiant et ignorantifié, par tous les cas et modes imaginables.

SGANARELLE, à part.

Il a pris querelle contre quelqu'un. ( A Pancrace. ) Seigneur....

PANCRACE, de même, sans voir Sganarelle.

Tu te veux mêler de raisonner, et tu ne sais pas seulement les élémens de la raison.

SGANARELLE, à part.

La colère l'empêche de me voir. (A Pancrace.) Seigneur....

PANCRACE, de même, sans voir Sganarelle.

C'est une proposition condamnable dans toutes les terres de la philosophie.

SGANARELLE, à part.

Il faut qu'on l'ait fort irrité. (A Pancrace.) Je...

PANCRACE, de même, sans voir Sganarelle.

*Toto cælo, totâ viâ aberras.*

SGANARELLE.

Je baise les mains à monsieur le docteur.

PANCRACE.

Serviteur.

SGANARELLE.

Peut-on...?

PANCRACE, se retournant vers l'endroit par où il est entré.

Sais-tu bien ce que tu as fait? un syllogisme *in balordo.*

SGANARELLE.

Je vous...

PANCRACE, de même.

La majeure en est inepte, la mineure impertinente, et la conclusion ridicule.

SGANARELLE.

Je...

PANCRACE, de même.

Je crèverois plutôt que d'avouer ce que tu dis; et je soutiendrai mon opinion jusqu'à la dernière goutte de mon encre.

SGANARELLE.

Puis-je...?

PANCRACE, de même.

Oui, je défendrai cette proposition, *pugnis et calcibus, unguibus et rostro.*

SGANARELLE.

Seigneur Aristote, peut-on savoir ce qui vous met si fort en colère?

## SCÈNE VI.

PANCRACE.

Un sujet le plus juste du monde.

SGANARELLE.

Et quoi encore?

PANCRACE.

Un ignorant m'a voulu soutenir une proposition erronée, une proposition épouvantable, effroyable, exécrable.

SGANARELLE.

Puis-je demander ce que c'est?

PANCRACE.

Ah! seigneur Sganarelle, tout est renversé aujourd'hui, et le monde est tombé dans une corruption générale : une licence épouvantable règne partout; et les magistrats, qui sont établis pour maintenir l'ordre dans cet État, devroient mourir de honte en souffrant un scandale aussi intolérable que celui dont je veux parler.

SGANARELLE.

Quoi donc?

PANCRACE.

N'est-ce pas une chose horrible, une chose qui crie vengeance au ciel, que d'endurer qu'on dise publiquement la forme d'un chapeau?

SGANARELLE.

Comment?

PANCRACE.

Je soutiens qu'il faut dire la figure d'un chapeau, et non pas la forme : d'autant qu'il y a cette différence entre la forme et la figure, que la forme est la disposition extérieure des corps qui sont animés; et la figure, la disposition extérieure des corps qui sont inanimés : et, puisque le chapeau est un corps inanimé, il faut dire la figure d'un chapeau, et non pas la forme.

(Se retournant encore du côté par où il est entré.)

Oui, ignorant que vous êtes, c'est ainsi qu'il faut parler; et ce sont les termes exprès d'Aristote dans le chapitre de la qualité.

SGANARELLE, à part.

Je pensois que tout fût perdu. (A Pancrace.) Seigneur docteur, ne songez plus à tout cela... Je...

PANCRACE.

Je suis dans une colère, que je ne me sens pas.

SGANARELLE.

Laissez la forme et le chapeau en paix. J'ai quelque chose à vous communiquer. Je...

PANCRACE.

Impertinent!

SGANARELLE.

De grace, remettez-vous. Je...

PANCRACE.

Ignorant!

SGANARELLE.

Hé! mon Dieu! Je...

PANCRACE.

Me vouloir soutenir une proposition de la sorte!

SGANARELLE.

Il a tort. Je...

PANCRACE.

Une proposition condamnée par Aristote!

## SCÈNE VI.

SGANARELLE.

Cela est vrai. Je...

PANCRACE.

En termes exprès!

SGANARELLE.

Vous avez raison. (Se tournant du côté par où Pancrace est entré.) Oui, vous êtes un sot et un impudent de vouloir disputer contre un docteur qui sait lire et écrire. Voilà qui est fait : je vous prie de m'écouter. Je viens vous consulter sur une affaire qui m'embarrasse. J'ai dessein de prendre une femme pour me tenir compagnie dans mon ménage. La personne est belle et bien faite; elle me plaît beaucoup, et est ravie de m'épouser : son père me l'a accordée. Mais je crains un peu ce que vous savez, la disgrace dont on ne plaint personne; et je voudrois bien vous prier, comme philosophe, de me dire votre sentiment. Hé! quel est votre avis là-dessus?

PANCRACE.

Plutôt que d'accorder qu'il faille dire la forme d'un chapeau, j'accorderois que *datur vacuum in rerum naturâ*, et que je ne suis qu'une bête.

SGANARELLE, à part.

La peste soit de l'homme! (A Pancrace.) Hé! monsieur le docteur, écoutez un peu les gens. On vous parle une heure durant, et vous ne répondez point à ce qu'on vous dit.

PANCRACE.

Je vous demande pardon. Une juste colère m'occupe l'esprit.

SGANARELLE.

Hé! laissez tout cela, et prenez la peine de m'écouter.

#### PANCRACE.

Soit. Que voulez-vous me dire?

#### SGANARELLE.

Je veux vous parler de quelque chose.

#### PANCRACE.

Et de quelle langue voulez-vous vous servir avec moi?

#### SGANARELLE.

De quelle langue?

#### PANCRACE.

Oui.

#### SGANARELLE.

Parbleu! de la langue que j'ai dans la bouche. Je crois que je n'irai pas emprunter celle de mon voisin.

#### PANCRACE.

Je vous dis, de quel idiôme, de quel langage?

#### SGANARELLE.

Ah! c'est une autre affaire.

#### PANCRACE.

Voulez-vous me parler italien?

#### SGANARELLE.

Non.

#### PANCRACE.

Espagnol?

#### SGANARELLE.

Non.

#### PANCRACE.

Allemand?

#### SGANARELLE.

Non

#### PANCRACE.

Anglais?

## SCÈNE VI.

SGANARELLE.

Non.

PANCRACE.

Latin?

SGANARELLE.

Non.

PANCRACE.

Grec?

SGANARELLE.

Non.

PANCRACE.

Hébreu?

SGANARELLE.

Non.

PANCRACE.

Syriaque?

SGANARELLE.

Non.

PANCRACE.

Turc?

SGANARELLE.

Non.

PANCRACE.

Arabe?

SGANARELLE.

Non, non; françois, françois, françois.

PANCRACE.

Ah! françois.

SGANARELLE.

Fort bien.

PANCRACE.

Passez donc de l'autre côté; car cette oreille-ci est destinée pour les langues scientifiques et étrangères, et l'autre est pour la vulgaire et la maternelle.

SGANARELLE, à part.

Il faut bien des cérémonies avec ces sortes de gens-ci.

PANCRACE.

Que voulez-vous?

SGANARELLE.

Vous consulter sur une petite difficulté.

PANCRACE.

Ah! ah! sur une difficulté de philosophie, sans doute?

SGANARELLE.

Pardonnez-moi. Je...

PANCRACE.

Vous voulez peut-être savoir si la substance et l'accident sont termes synonymes ou équivoques à l'égard de l'être?

SGANARELLE.

Point du tout. Je...

PANCRACE.

Si la logique est un art ou une science?

SGANARELLE.

Ce n'est pas cela. Je...

PANCRACE.

Si elle a pour objet les trois opérations de l'esprit, ou la troisième seulement?

SGANARELLE.

Non. Je...

PANCRACE.

S'il y a dix catégories, ou s'il n'y en a qu'une?

## SCÈNE VI.

SGANARELLE.

Point. Je...

PANCRACE.

Si la conclusion est de l'essence du syllogisme?

SGANARELLE.

Nenni. Je...

PANCRACE.

Si l'essence du bien est mise dans l'appétibilité, ou dans la convenance?

SGANARELLE.

Non. Je...

PANCRACE.

Si le bien se réciproque avec la fin?

SGANARELLE.

Hé! non. Je...

PANCRACE.

Si la fin nous peut émouvoir par son être réel, ou par son être intentionnel?

SGANARELLE.

Non, non, non, non, non, de par tous les diables, non.

PANCRACE.

Expliquez donc votre pensée, car je ne puis pas la deviner.

SGANARELLE.

Je vous la veux expliquer aussi; mais il faut m'écouter.

(Pendant que Sganarelle dit:)

L'affaire que j'ai à vous dire, c'est que j'ai envie de me marier avec une fille qui est jeune et belle. Je l'aime fort, et je l'ai demandée à son père; mais comme j'appréhende...

PANCRACE dit en même temps, sans écouter Sganarelle :

La parole a été donnée à l'homme pour expliquer ses pensées; et tout ainsi que les pensées sont les portraits des choses, de même nos paroles sont-elles les portraits de nos pensées.

(Sganarelle, impatienté, ferme la bouche du docteur avec sa main à plusieurs reprises; et le docteur continue de parler d'abord que Sganarelle a ôté sa main.)

Mais ces portraits diffèrent des autres portraits, en ce que les autres portraits sont distingués partout de leurs originaux, et que la parole enferme en soi son original, puisqu'elle n'est autre chose que la pensée expliquée par un signe extérieur; d'où vient que ceux qui pensent bien sont aussi ceux qui parlent le mieux. Expliquez-moi donc votre pensée par la parole, qui est le plus intelligible de tous les signes.

SGANARELLE, pousse le docteur dans sa maison, et tire la porte pour l'empêcher de sortir.

Peste de l'homme!

PANCRACE, au-dedans de sa maison.

Oui, la parole est *animi index et speculum.* C'est le truchement du cœur, c'est l'image de l'ame.

(Il monte à la fenêtre, et continue.)

C'est un miroir qui nous représente naïvement les secrets les plus arcanes de nos individus; et, puisque vous avez a faculté de ratiociner et de parler tout ensemble, à quoi tient-il que vous ne vous serviez de la parole pour me faire entendre votre pensée?

## SCÈNE VI.

SGANARELLE.

C'est ce que je veux faire, mais vous ne voulez pas m'écouter.

PANCRACE.

Je vous écoute, parlez.

SGANARELLE.

Je dis donc, monsieur le docteur, que...

PANCRACE.

Mais surtout soyez bref.

SGANARELLE.

Je le serai.

PANCRACE.

Évitez la prolixité.

SGANARELLE.

Hé! monsi...

PANCRACE.

Tranchez-moi votre discours d'un apophthegme à la laconienne.

SGANARELLE.

Je vous...

PANCRACE.

Point d'ambages, de circonlocution.

(Sganarelle, de dépit de ne pouvoir parler, ramasse des pierres pour en casser la tête du docteur.)

PANCRACE.

Hé quoi! vous vous emportez, au lieu de vous expliquer. Allez, vous êtes plus impertinent que celui qui m'a voulu soutenir qu'il faut dire la forme d'un chapeau; et je vous prouverai en toute rencontre, par raisons démonstratives et convaincantes, et par arguments *in barbara*, que vous n'êtes et ne serez jamais qu'une pécore, et que je suis et serai toujours *in utroque jure* le docteur Pancrace...

SGANARELLE.

Quel diable de babillard!

PANCRACE, *en rentrant sur le théâtre.*

Homme de lettres, homme d'érudition...

SGANARELLE.

Encore!

PANCRACE.

Homme de suffisance, homme de capacité; (*s'en allant*) homme consommé dans toutes les sciences, naturelles, morales et politiques; (*revenant*) homme savant, savantissime, *per omnes modos et casus*; (*s'en allant*) homme qui possède, *superlativè*, fable, mythologie et histoire, (*revenant*) grammaire, poésie, rhétorique, dialectique et sophistique; (*s'en allant*) mathématiques, arithmétique, optique, onirocritique, physique et métaphysique; (*revenant*) cosmométrie, géométrie, architecture, spéculoire et spéculatoire; (*s'en allant*) médecine, astronomie, astrologie, physionomie, métoposcopie, chiromancie, géomancie, etc.

## SCÈNE VII.

### SGANARELLE.

Au diable les savants qui ne veulent point écouter les gens! On me l'avoit bien dit que son maître Aristote n'étoit rien qu'un bavard. Il faut que j'aille trouver l'autre ; peut-être qu'il sera plus posé et plus raisonnable. Holà !

## SCÈNE VIII.

### MARPHURIUS, SGANARELLE.

#### MARPHURIUS.
Que voulez-vous de moi, seigneur Sganarelle ?
#### SGANARELLE.
Seigneur docteur, j'aurois besoin de votre conseil sur une petite affaire dont il s'agit, et je suis venu ici pour cela. (A part.) Ah ! voilà qui va bien. Il écoute le monde, celui-ci.
#### MARPHURIUS.
Seigneur Sganarelle, changez, s'il vous plaît, cette façon de parler. Notre philosophie ordonne de ne point énoncer de proposition décisive, de parler de tout avec incertitude, de suspendre toujours son jugement ; et, par cette raison, vous ne devez pas dire, Je suis venu, mais, Il me semble que je suis venu.
#### SGANARELLE.
Il me semble !
#### MARPHURIUS.
Oui.
#### SGANARELLE.
Parbleu ! il faut bien qu'il me le semble, puisque cela est.

MARPHURIUS.

Ce n'est pas une conséquence; et il peut vous le sembler sans que la chose soit véritable.

SGANARELLE.

Comment! il n'est pas vrai que je suis venu?

MARPHURIUS.

Cela est incertain, et nous devons douter de tout.

SGANARELLE.

Quoi! je ne suis pas ici, et vous ne me parlez pas?

MARPHURIUS.

Il m'apparoît que vous êtes là, et il me semble que je vous parle : mais il n'est pas assuré que cela soit.

SGANARELLE.

Hé! que diable! vous vous moquez. Me voilà, et vous voilà bien nettement, et il n'y a point de me semble à tout cela. Laissons ces subtilités, je vous prie, et parlons de mon affaire. Je viens vous dire que j'ai envie de me marier.

MARPHURIUS.

Je n'en sais rien.

SGANARELLE.

Je vous le dis.

MARPHURIUS.

Il se peut faire.

SGANARELLE.

La fille que je veux prendre est fort jeune et fort belle.

MARPHURIUS.

Il n'est pas impossible.

SGANARELLE.

Ferai-je bien ou mal de l'épouser?

## SCÈNE VIII.

MARPHURIUS.

L'un ou l'autre.

SGANARELLE, à part.

Ah ! ah ! voici une autre musique. (A Marphurius.) Je vous demande si je ferai bien d'épouser la fille dont je vous parle.

MARPHURIUS.

Selon la rencontre.

SGANARELLE.

Ferai-je mal ?

MARPHURIUS.

Par aventure.

SGANARELLE.

De grace, répondez-moi comme il faut.

MARPHURIUS.

C'est mon dessein.

SGANARELLE.

J'ai une grande inclination pour la fille.

MARPHURIUS.

Cela peut être.

SGANARELLE.

Le père me l'a accordée.

MARPHURIUS.

Il se pourroit.

SGANARELLE.

Mais, en l'épousant, je crains d'être cocu.

MARPHURIUS.

La chose est faisable.

SGANARELLE.

Qu'en pensez-vous ?

MARPHURIUS.

Il n'y a pas d'impossibilité.

SGANARELLE.

Mais que feriez-vous, si vous étiez à ma place?

MARPHURIUS.

Je ne sais.

SGANARELLE.

Que me conseillez-vous de faire?

MARPHURIUS.

Ce qu'il vous plaira.

SGANARELLE.

J'enrage.

MARPHURIUS.

Je m'en lave les mains.

SGANARELLE.

Au diable soit le vieux rêveur!

MARPHURIUS.

Il en sera ce qu'il pourra.

SGANARELLE, à part.

La peste du bourreau! Je te ferai changer de note, chien de philosophe enragé.

(Il donne des coups de bâton à Marphurius.)

MARPHURIUS.

Ah! ah! ah!

SGANARELLE.

Te voilà payé de ton galimatias, et me voilà content.

MARPHURIUS.

Comment? Quelle insolence! M'outrager de la sorte! Avoir eu l'audace de battre un philosophe comme moi!

## SCÈNE VIII.

SGANARELLE.

Corrigez, s'il vous plaît, cette manière de parler. Il faut douter de toute chose; et vous ne devez pas dire que je vous ai battu, mais qu'il vous semble que je vous ai battu.

MARPHURIUS.

Ah! je m'en vais faire ma plainte au commissaire du quartier des coups que j'ai reçus.

SGANARELLE.

Je m'en lave les mains.

MARPHURIUS.

J'en ai les marques sur ma personne.

SGANARELLE.

Il se peut faire.

MARPHURIUS.

C'est toi qui m'as traité ainsi.

SGANARELLE.

Il n'y a pas d'impossibilité.

MARPHURIUS.

J'aurai un décret contre toi.

SGANARELLE.

Je n'en sais rien.

MARPHURIUS.

Tu seras condamné en justice.

SGANARELLE.

Il en sera ce qu'il pourra.

MARPHURIUS.

Laisse-moi faire.

## SCÈNE IX.

### SGANARELLE.

Comment! on ne sauroit tirer une parole positive de ce chien d'homme-là, et l'on est aussi savant à la fin qu'au commencement! Que dois-je faire dans l'incertitude des suites de mon mariage? Jamais homme ne fut plus embarrassé que je suis. Ah! voici des Bohémiennes: il faut que je me fasse dire par elles ma bonne aventure.

## SCÈNE X.

### DEUX BOHÉMIENNES, SGANARELLE.

(Les deux Bohémiennes, avec leur tambour de Basque, entrent en chantant et en dansant.)

### SGANARELLE.

Elles sont gaillardes. Écoutez, vous autres : y a-t-il moyen de me dire ma bonne fortune?

### I. BOHÉMIENNE.

Oui, mon bon monsieur, nous voici deux qui te la dirons.

### II. BOHÉMIENNE.

Tu n'as seulement qu'à nous donner ta main avec la croix dedans; et nous te dirons quelque chose pour ton bon profit.

### SCÈNE X.

SGANARELLE.

Tenez, les voilà toutes deux, avec ce que vous demandez.

I. BOHÉMIENNE.

Tu as une bonne physionomie, mon bon monsieur, une bonne physionomie.

II. BOHÉMIENNE.

Oui, une bonne physionomie; physionomie d'un homme qui sera un jour quelque chose.

I. BOHÉMIENNE.

Tu seras marié avant qu'il soit peu, mon bon monsieur; tu seras marié avant qu'il soit peu.

II. BOHÉMIENNE.

Tu épouseras une femme gentille, une femme gentille.

I. BOHÉMIENNE.

Oui, une femme qui sera chérie et aimée de tout le monde.

II. BOHÉMIENNE.

Une femme qui te fera beaucoup d'amis, mon bon monsieur, qui te fera beaucoup d'amis.

I. BOHÉMIENNE.

Une femme qui fera venir l'abondance chez toi.

II. BOHÉMIENNE.

Une femme qui te donnera une grande réputation.

I. BOHÉMIENNE.

Tu seras considéré par elle, mon bon monsieur; tu seras considéré par elle.

SGANARELLE.

Voilà qui est bien. Mais dites-moi un peu, suis-je menacé d'être cocu?

II. BOHÉMIENNE.

Cocu?

SGANARELLE.

Oui.

I. BOHÉMIENNE.

Cocu?

SGANARELLE.

Oui, si je suis menacé d'être cocu.

( Les deux Bohémiennes dansent et chantent. )

SGANARELLE.

Que diable! ce n'est pas là me répondre. Venez çà : je vous demande à toutes deux si je serai cocu.

II. BOHÉMIENNE.

Cocu? vous?

SGANARELLE.

Oui, si je serai cocu.

I. BOHÉMIENNE.

Vous? cocu?

SGANARELLE.

Oui, si je le serai, ou non.

( Les deux Bohémiennes sortent en chantant et en dansant. )

# SCÈNE XI.

## SGANARELLE.

Peste soit des carognes, qui me laissent dans l'inquiétude! Il faut absolument que je sache la destinée de mon mariage; et, pour cela, je veux aller trouver ce grand magicien dont tout le monde parle tant, et qui, par son art admirable, fait voir tout ce que l'on souhaite. Ma foi, je crois que je n'ai que faire d'aller au magicien, et voici qui me montre tout ce que je puis demander.

## SCÈNE XII.

DORIMÈNE, LYCASTE, SGANARELLE, retiré dans un coin du théâtre sans être vu.

LYCASTE.

Quoi! belle dorimène, c'est sans raillerie que vous parlez?

DORIMÈNE.

Sans raillerie.

LYCASTE.

Vous vous mariez tout de bon?

DORIMÈNE.

Tout de bon.

LYCASTE.

Et vos noces se feront dès ce soir?

DORIMÈNE.

Dès ce soir.

LYCASTE.

Et vous pouvez, cruelle que vous êtes, oublier de la sorte l'amour que j'ai pour vous, et les obligeantes paroles que vous m'aviez données?

DORIMÈNE.

Moi? point du tout. Je vous considère toujours de même; et ce mariage ne doit point vous inquiéter. C'est un homme que je n'épouse point par amour, et sa seule richesse me fait résoudre à l'accepter. Je n'ai point de bien, vous n'en avez point aussi; et vous savez que sans cela on passe mal le temps au monde, et qu'à quelque prix que ce soit il faut tâcher d'en avoir. J'ai embrassé cette occasion-ci de me mettre à mon aise; et je l'ai fait sur l'espérance de me voir bientôt délivrée du barbon que je prends. C'est un homme qui mourra avant qu'il soit peu, et qui n'a tout au plus que six mois dans le ventre. Je vous le garantis défunt dans le temps que je dis; et je n'aurai pas longuement à demander pour moi au ciel l'heureux état de veuve...

( A Sganarelle qu'elle aperçoit. )

Ah! nous parlions de vous, et nous en disions tout le bien qu'on en sauroit dire.

LYCASTE.

Est-ce là monsieur?

DORIMÈNE.

Oui, c'est monsieur qui me prend pour femme.

LYCASTE.

Agréez, monsieur, que je vous félicite de votre mariage, et vous présente en même temps mes très-humbles services: je vous assure que vous épousez là une très-honnête personne. Et vous, mademoiselle, je me réjouis avec vous aussi de l'heureux choix que vous avez fait: vous ne pouviez pas mieux trouver; et monsieur a toute la mine d'être un fort bon mari. Oui, monsieur, je veux faire amitié avec vous, et lier ensemble un petit commerce de visites et de divertissements.

#### DORIMÈNE.

C'est trop d'honneur que vous nous faites à tous deux. Mais allons, le temps me presse, et nous aurons tout le loisir de nous entretenir ensemble.

## SCÈNE XIII.

#### SGANARELLE.

Me voilà tout-à-fait dégoûté de mon mariage; et je crois que je ne ferai pas mal de m'aller dégager de ma parole. Il m'en a coûté quelque argent; mais il vaut mieux encore perdre cela que de m'exposer à quelque chose de pis. Tâchons adroitement de nous débarrasser de cette affaire. Holà !

(Il frappe à la porte de la maison d'Alcantor.)

## SCÈNE XIV.

#### ALCANTOR, SGANARELLE.

ALCANTOR.

Ah ! mon gendre, soyez le bienvenu.

SGANARELLE.

Monsieur, votre serviteur.

ALCANTOR.

Vous venez pour conclure le mariage ?

SGANARELLE.

Excusez-moi.

#### ALCANTOR.

Je vous promets que j'en ai autant d'impatience que vous.

#### SGANARELLE.

Je viens ici pour un autre sujet.

#### ALCANTOR.

J'ai donné ordre à toutes les choses nécessaires pour cette fête.

#### SGANARELLE.

Il n'est pas question de cela.

#### ALCANTOR.

Les violons sont retenus, le festin est commandé, et ma fille est parée pour vous recevoir.

#### SGANARELLE.

Ce n'est pas ce qui m'amène.

#### ALCANTOR.

Enfin vous allez être satisfait; et rien ne peut retarder votre contentement.

#### SGANARELLE.

Mon dieu! c'est autre chose.

#### ALCANTOR.

Allons, entrez donc, mon gendre.

#### SGANARELLE.

J'ai un petit mot à vous dire.

#### ALCANTOR.

Ah! mon dieu! ne faisons point de cérémonie. Entrez vite, s'il vous plaît.

#### SGANARELLE.

Non, vous dis-je; je veux vous parler auparavant.

#### ALCANTOR.

Voulez-vous me dire quelque chose?

## SCÈNE XIV.

SGANARELLE.

Oui.

ALCANTOR.

Et quoi?

SGANARELLE.

Seigneur Alcantor, j'ai demandé votre fille en mariage, il est vrai, et vous me l'avez accordée; mais je me trouve un peu avancé en âge pour elle, et je considère que je ne suis point du tout son fait.

ALCANTOR.

Pardonnez-moi, ma fille vous trouve bien comme vous êtes; et je suis sûr qu'elle vivra fort contente avec vous.

SGANARELLE.

Point. J'ai parfois des bizarreries épouvantables, et elle auroit trop à souffrir de ma mauvaise humeur.

ALCANTOR.

Ma fille a de la complaisance, et vous verrez qu'elle s'accommodera entièrement à vous.

SGANARELLE.

J'ai quelques infirmités sur mon corps qui pourroient la dégoûter.

ALCANTOR.

Cela n'est rien. Une honnête femme ne se dégoûte jamais de son mari.

SGANARELLE.

Enfin voulez-vous que je vous dise? Je ne vous conseille point de me la donner.

ALCANTOR.

Vous moquez-vous? J'aimerois mieux mourir que d'avoir manqué à ma parole.

#### SGANARELLE.

Mon dieu! je vous en dispense; et je...

#### ALCANTOR.

Point du tout. Je vous l'ai promise; et vous l'aurez en dépit de tous ceux qui y prétendent.

#### SGANARELLE, à part.

Que diable!

#### ALCANTOR.

Voyez-vous? j'ai une estime et une amitié pour vous toute particulière; et je refuserois ma fille à un prince pour vous la donner.

#### SGANARELLE.

Seigneur Alcantor, je vous suis obligé de l'honneur que vous me faites; mais je vous déclare que je ne veux point me marier.

#### ALCANTOR.

Qui? vous?

#### SGANARELLE.

Oui, moi.

#### ALCANTOR.

Et la raison?

#### SGANARELLE.

La raison? c'est que je ne me sens point propre pour le mariage, et que je veux imiter mon père et tous ceux de ma race, qui ne se sont jamais voulu marier.

#### ALCANTOR.

Écoutez. Les volontés sont libres; et je suis homme à ne contraindre jamais personne. Vous vous êtes engagé avec moi pour épouser ma fille, et tout est préparé pour cela : mais, puisque vous voulez retirer votre parole, je vais voir ce qu'il y a à faire; et vous aurez bientôt de mes nouvelles.

## SCÈNE XV.

### SGANARELLE.

Encore est-il plus raisonnable que je ne pensois, et je croyois avoir bien plus de peine à m'en dégager. Ma foi, quand j'y songe, j'ai fait fort sagement de me tirer de cette affaire; et j'allois faire un pas dont je me serois peut-être long-temps repenti. Mais voici le fils qui me vient rendre réponse.

## SCÈNE XVI.

### ALCIDAS, SGANARELLE.

ALCIDAS, d'un ton doucereux.
Monsieur, je suis votre serviteur très-humble.
SGANARELLE.
Monsieur, je suis le vôtre de tout mon cœur.
ALCIDAS, toujours avec le même ton.
Mon père m'a dit, monsieur, que vous vous étiez venu dégager de la parole que vous aviez donnée.
SGANARELLE.
Oui, monsieur. C'est avec regret; mais...
ALCIDAS.
Oh! monsieur, il n'y a pas de mal à cela.

SGANARELLE.

J'en suis fâché, je vous assure, et je souhaiterois...

ALCIDAS.

Cela n'est rien, vous dis-je.

(Alcidas présente à Sganarelle deux épées.)

Monsieur, prenez la peine de choisir de ces deux épées laquelle vous voulez.

SGANARELLE.

De ces deux épées?

ALCIDAS.

Oui, s'il vous plaît.

SGANARELLE.

A quoi bon?

ALCIDAS.

Monsieur, comme vous refusez d'épouser ma sœur après la parole donnée, je crois que vous ne trouverez pas mauvais le petit compliment que je viens vous faire.

SGANARELLE.

Comment?

ALCIDAS.

D'autres gens feroient plus de bruit, et s'emporteroient contre vous : mais nous sommes personnes à traiter les choses dans la douceur; et je viens vous dire civilement qu'il faut, si vous le trouvez bon, que nous nous coupions la gorge ensemble.

SGANARELLE.

Voilà un compliment fort mal tourné.

ALCIDAS.

Allons, monsieur, choisissez, je vous prie.

## SCÈNE XVI.

SGANARELLE.

Je suis votre valet, je n'ai point de gorge à me couper. (A part.) La vilaine façon de parler que voilà!

ALCIDAS.

Monsieur, il faut que cela soit, s'il vous plaît?

SGANARELLE.

Hé! monsieur, rengaînez ce compliment, je vous prie.

ALCIDAS.

Dépêchons vite, monsieur. J'ai une petite affaire qui m'attend.

SGANARELLE.

Je ne veux point de cela, vous dis-je.

ALCIDAS.

Vous ne voulez pas vous battre?

SGANARELLE.

Nenni, ma foi.

ALCIDAS.

Tout de bon?

SGANARELLE.

Tout de bon.

ALCIDAS, après lui avoir donné des coups de bâton.

Au moins, monsieur, vous n'avez pas lieu de vous plaindre; et vous voyez que je fais les choses dans l'ordre. Vous nous manquez de parole, je me veux battre contre vous; vous refusez de vous battre, je vous donne des coups de bâton : tout cela est dans les formes; et vous êtes trop honnête homme pour ne pas approuver mon procédé.

SGANARELLE, à part.

Quel diable d'homme est-ce ci?

ALCIDAS, *lui présente encore les deux épées.*

Allons, monsieur, faites les choses galamment, et sans vous faire tirer l'oreille.

SGANARELLE.

Encore?

ALCIDAS.

Monsieur, je ne contrains personne; mais il faut que vous vous battiez, ou que vous épousiez ma sœur.

SGANARELLE.

Monsieur, je ne puis faire ni l'un ni l'autre, je vous assure.

ALCIDAS.

Assurément?

SGANARELLE.

Assurément.

ALCIDAS.

Avec votre permission donc...

(*Alcidas lui donne encore des coups de bâton.*)

SGANARELLE.

Ah! ah! ah!

ALCIDAS.

Monsieur, j'ai tous les regrets du monde d'être obligé d'en user ainsi avec vous; mais je ne cesserai point, s'il vous plaît, que vous n'ayez promis de vous battre, ou d'épouser ma sœur.

(*Alcidas lève le bâton.*)

SGANARELLE.

He bien! j'épouserai, j'épouserai.

ALCIDAS.

Ah! monsieur, je suis ravi que vous vous mettiez à la raison, et que les choses se passent doucement : car enfin vous êtes l'homme du monde que j'estime le plus, je vous jure; et j'aurois été au désespoir que vous m'eussiez contraint à vous maltraiter. Je vais appeler mon père pour lui dire que tout est d'accord.

(Il va frapper à la porte d'Alcantor.)

## SCÈNE XVII.

ALCANTOR, DORIMÈNE, ALCIDAS, SGANARELLE.

ALCIDAS.

Mon père, voilà monsieur qui est tout-à-fait raisonnable. Il a voulu faire les choses de bonne grace, et vous pouvez lui donner ma sœur.

ALCANTOR.

Monsieur, voilà sa main, vous n'avez qu'à donner la vôtre. Loué soit le ciel! m'en voilà déchargé; et c'est vous désormais que regarde le soin de sa conduite. Allons nous réjouir et célébrer cet heureux mariage.

FIN DU MARIAGE FORCÉ.

# AVERTISSEMENT.

### DE L'ÉDITION DE 1773.

La comédie du *Mariage forcé* parut pour la première fois au Louvre le 29 janvier 1664, en trois actes, avec des récits de musique et des entrées de ballet, sous le titre de *Ballet du roi*. Le roi y dansoit une entrée.

Quand l'auteur fit représenter cette comédie sur le théâtre du Palais-Royal, au mois de novembre de la même année, il supprima les récits et les entrées de ballet, et réduisit sa pièce en un acte, en y faisant quelques changements.

Le plus considérable est la scène entre Lycaste et Dorimène, scène ajoutée pour suppléer à celle du magicien chantant et à l'entrée des démons qui déterminoient Sganarelle à rompre son mariage. Dans le ballet, qui fut imprimé dans le temps (*in-4º* par Robert Ballard), il ne nous reste des demandes de Sganarelle au magicien que ce qu'on appelle, en termes de théâtre, *les repliques;* on a ajouté deux ou trois mots pour y donner un sens.

En faisant imprimer les récits, les entrées de ballet

## AVERTISSEMENT.

et la distribution des scènes de la comédie du *Mariage forcé* en trois actes, on a supprimé les arguments de la comédie, comme étant inutiles, peu exacts, et assez mal faits.

# LE MARIAGE FORCÉ,

BALLET DU ROI,

DANSÉ PAR SA MAJESTÉ LE 29 JANVIER 1664.

## ACTE PREMIER.

### SCÈNE I.

SGANARELLE, seul.

### SCÈNE II.

SGANARELLE, GÉRONIMO.

### SCÈNE III.

SGANARELLE, seul.

### SCÈNE IV.

DORIMÈNE, SGANARELLE.

## SCÈNE V.

### SGANARELLE, seul.

(Il se plaignoit d'une pesanteur de tête insupportable, et se mettoit dans un coin du théâtre pour dormir. Pendant son sommeil, il voyoit en songe ce qui forme les deux premières entrées du Ballet.)

LA BEAUTÉ chante.

Si l'amour vous soumet à ses lois inhumaines,
Choisissez, en aimant, un objet plein d'appas :
 Portez au moins de belles chaînes :
Et, puisqu'il faut mourir, mourez d'un beau trépas.
Si l'objet de vos feux ne mérite vos peines,
Sous l'empire d'amour ne vous engagez pas :
 Portez au moins d'aimables chaînes ;
Et, puisqu'il faut mourir, mourez d'un beau trépas.

### PREMIÈRE ENTRÉE.

LA JALOUSIE, LES CHAGRINS, LES SOUPÇONS.

### DEUXIÈME ENTRÉE.

QUATRE PLAISANTS OU GOGUENARDS.

FIN DU PREMIER ACTE.

# ACTE SECOND.

(Au commencement de cet acte, Géronimo venoit éveiller Sganarelle.)

## SCÈNE I.
SGANARELLE, GÉRONIMO.

## SCÈNE II.
SGANARELLE, seul.

## SCÈNE III.
SGANARELLE, PANCRACE.

## SCÈNE IV.
SGANARELLE, seul.

## SCÈNE V.
SGANARELLE, MARPHURIUS.

## SCÈNE VI.
SGANARELLE, seul.

## SCÈNE VII.
SGANARELLE, DEUX BOHÉMIENNES.

# LE MARIAGE FORCÉ.

## TROISIÈME ENTRÉE.

ÉGYPTIENS ET ÉGYPTIENNES, dansants.

## SCÈNE VIII.

### SGANARELLE, seul.

( Il alloit frapper à la porte du magicien. )

## SCÈNE IX.

### SGANARELLE, UN MAGICIEN.

#### LE MAGICIEN chante.

Hola !
Qui va là ?
Dis-moi vite quel souci
Te peut amener ici.

#### SGANARELLE.

( Il consultoit le magicien sur son mariage. )

#### LE MAGICIEN.

Ce sont de grands mystères
Que ces sortes d'affaires.

#### SGANARELLE.

( Il demandoit quelle seroit sa destinée. )

#### LE MAGICIEN.

Je te vais, pour cela, par mes charmes profonds,
Faire venir quatre démons.

#### SGANARELLE.

( Il marquoit la peur qu'il auroit de voir les démons. )

##### LE MAGICIEN.

Non, non, n'ayes aucune peur;
Je leur ôterai la laideur.

##### SGANARELLE.

(Il consentoit à les voir.)

##### LE MAGICIEN.

Des puissances invincibles
Rendent depuis long-temps tous les démons muets;
Mais, par signes intelligibles,
Ils répondront à tes souhaits.

## SCÈNE X.

#### SGANARELLE, LE MAGICIEN.

## QUATRIÈME ENTRÉE.

#### MAGICIENS ET DÉMONS.

(Sganarelle interroge les démons : ils répondent par signes, et sortent en lui faisant des cornes.)

FIN DU SECOND ACTE.

## ACTE TROISIÈME.

### SCÈNE I.
SGANARELLE, seul.

### SCÈNE II.
SGANARELLE, ALCANTOR.

### SCÈNE III.
SGANARELLE, seul.

### SCÈNE IV.
SGANARELLE, ALCIDAS.

### SCÈNE V.
SGANARELLE, ALCANTOR, DORIMÈNE, ALCIDAS.

### SCÈNE VI.
CINQUIÈME ENTRÉE.

UN MAÎTRE A DANSER venoit enseigner une courante à Sganarelle.

BALLET DU ROI.

## SCÈNE VII.

### SGANARELLE, GÉRONIMO.

( Géronimo venoit se réjouir avec Sganarelle, et lui disoit que les jeunes gens de la ville avoient préparé une mascarade pour honorer ses noces. )

### CONCERT ESPAGNOL.

Ciego me tienes, Belisa,
Mas bien tus rigores veo;
Porque és tu desden tan claro,
Que pueden verlo los ciegos.

Aunque mi amor és tan grande;
Como mi dolor no és menos,
Si calla el uno dormido,
Sé que ya és el otro despierto.

Favores tuyos, Belisa,
Tu vieralos yo secretos;
Mas ya de dolores mios
No puedo hacer lo que quiero.

### SIXIÈME ENTRÉE.

DEUX ESPAGNOLS, DEUX ESPAGNOLES

## SEPTIÈME ENTRÉE.

UN CHARIVARI GROTESQUE.

## HUITIÈME ENTRÉE.

QUATRE GALANTS, cajolant la femme de Sganarelle.

FIN DU BALLET.

# DON JUAN,

ou

# LE FESTIN DE PIERRE,

## COMÉDIE

EN CINQ ACTES ET EN PROSE,

Représentée à Paris, sur le théâtre du Palais-Royal, le 15 février 1665.

## PERSONNAGES.

Don JUAN, fils de don Louis.
ELVIRE, femme de don Juan.
Don CARLOS, \
Don ALONSE, / frères d'Elvire.
Don LOUIS, père de don Juan.
FRANCISQUE, pauvre.
CHARLOTTE, \
MATHURINE, / paysannes.
PIERROT, paysan.
LA STATUE DU COMMANDEUR.
GUSMAN, écuyer d'Elvire.
SGANARELLE, \
LA VIOLETTE, / valets de don Juan.
RAGOTIN.
Monsieur DIMANCHE, marchand.
LA RAMÉE, spadassin.
UN SPECTRE.

La scène est en Sicile.

# DON JUAN,

OU

# LE FESTIN DE PIERRE.

## ACTE PREMIER.

### SCÈNE I.

SGANARELLE, GUSMAN.

SGANARELLE, tenant une tabatière.

Quoi que puissent dire Aristote et toute la philosophie, il n'est rien d'égal au tabac : c'est la passion des honnêtes gens; et qui vit sans tabac n'est pas digne de vivre. Non-seulement il réjouit et purge les cerveaux humains, mais encore il instruit les ames à la vertu, et l'on apprend avec lui à devenir honnête homme. Ne voyez-vous pas bien, dès qu'on en prend, de quelle manière obligeante on en use avec tout le monde, et comme on est ravi d'en donner à droite et à gauche, partout où l'on se trouve? On n'attend pas même que l'on en demande, et l'on court au-devant du souhait des gens : tant il est vrai que le tabac inspire des sentiments d'honneur et de vertu à tous ceux qui en prennent. Mais c'est assez de cette matière; reprenons un peu notre discours. Si bien donc, cher Gusman, que done Elvire ta maîtresse, surprise de notre départ, s'est mise en campagne après nous; et son cœur, que mon maître a su toucher trop fortement, n'a pu vivre, dis-tu, sans le venir chercher ici. Veux-tu qu'entre nous je te dise ma pensée? J'ai peur qu'elle ne soit mal payée de son amour, que son voyage en cette ville ne produise peu de fruit, et que vous n'eussiez autant gagné à ne bouger de là.

GUSMAN.

Et la raison encore? Dis-moi, je te prie, Sganarelle, qui peut t'inspirer une peur d'un si mauvais augure? Ton maître t'a-t-il ouvert son cœur là-dessus? et t'a-t-il dit qu'il eût pour nous quelque froideur qui l'ait obligé à partir?

SGANARELLE.

Non pas; mais, à vue de pays, je connois à peu près le train des choses; et sans qu'il m'ait encore rien dit, je gagerois presque que l'affaire va là. Je pourrois peut-être me tromper; mais enfin, sur de tels sujets, l'expérience m'a pu donner quelques lumières.

GUSMAN.

Quoi! ce départ si peu prévu seroit une infidélité d don Juan? Il pourroit faire cette injure aux chastes feu de done Elvire?

SGANARELLE.

Non; c'est qu'il est jeune encore, et qu'il n'a pas courage...

GUSMAN.

Un homme de sa qualité feroit une action si lâche?

SGANARELLE.

Hé! oui, sa qualité! La raison en est belle! et c'est par-là qu'il s'empêcheroit des choses...!

GUSMAN.

Mais les saints nœuds du mariage le tiennent engagé.

SGANARELLE.

Hé! mon pauvre Gusman, mon ami, tu ne sais pas encore, crois-moi, quel homme est don Juan.

GUSMAN.

Je ne sais pas, de vrai, quel homme il peut être, s'il faut qu'il nous ait fait cette perfidie; et je ne comprends point comme, après tant d'amour et tant d'impatience témoignée, tant d'hommages pressants, de vœux, de soupirs et de larmes, tant de lettres passionnées, de prostestations ardentes et de serments réitérés, tant de transports enfin et tant d'emportements qu'il a fait paroître, jusqu'à forcer, dans sa passion, l'obstacle sacré d'un couvent, pour mettre done Elvire en sa puissance; je ne comprends pas, dis-je, comme, après tout cela, il auroit le cœur de pouvoir manquer à sa parole.

SGANARELLE.

Je n'ai pas grand'peine à le comprendre, moi; et si tu connoissois le pélerin, tu trouverois la chose assez facile pour lui. Je ne dis pas qu'il ait changé de sentiments pour done Elvire, je n'en ai point de certitude encore. Tu sais que, par son ordre, je partis avant lui; et, depuis son arrivée, il ne m'a point entretenu: mais, par précaution, je t'apprends, *inter nos*, que tu vois en don Juan mon maître le plus grand scélérat que la terre ait jamais porté, un enragé, un chien, un démon, un Turc, un hérétique qui ne croit ni ciel, ni enfer, ni diable, qui passe cette vie en véritable bête brute, un pourceau d'Epicure, un vrai Sardanapale, qui ferme l'oreille à toutes les remontrances qu'on lui peut faire, et traite de billevesées [1] tout ce que nous croyons. Tu me dis qu'il a épousé ta maîtresse; crois qu'il auroit plus fait pour sa passion, et qu'avec elle il auroit encore épousé toi, son chien et son chat. Un mariage ne lui coûte rien à contracter; il ne se sert point d'autres piéges pour attraper les belles, et c'est un épouseur à toutes mains. Dame, demoiselle, bourgeoise, paysanne, il ne trouve rien de trop chaud ni de trop froid pour lui; et si je te disois le nom de toutes celles qu'il a épousées en divers lieux, ce seroit un chapitre à durer jusqu'au soir. Tu demeures surpris, et changes de couleur à ce discours: ce n'est là qu'une ébauche du personnage; et, pour en achever le portrait, il faudroit bien d'autres coups de pinceau. Suffit qu'il faut que le courroux du ciel l'accable quelque jour; qu'il me vaudroit bien mieux d'être au diable que d'être à lui; et qu'il me fait voir tant d'horreurs, que je souhaiterois qu'il fût déjà je ne sais où. Mais un grand seigneur méchant homme est une terrible chose: il faut que je lui sois fidèle, en dépit que j'en aie; la crainte en moi fait l'office du zèle, bride mes sentiments, et me réduit d'applaudir bien souvent à ce que mon ame déteste. Le voilà qui vient se promener dans ce palais, séparons-nous. Écoute au moins: je t'ai fait cette confidence avec franchise, et cela m'est sorti un peu bien

---

[1] *Billevesées*, vieux mot qui vient de *boule soufflée* ou *remplie d'air*. Au figuré, *paroles inutiles*.

vite de la bouche; mais s'il falloit qu'il en vînt quelque chose à ses oreilles, je dirois hautement que tu aurois menti.

## SCÈNE II.

### DON JUAN, SGANARELLE.

#### DON JUAN.
Quel homme te parloit là? Il a bien de l'air, ce me semble, du bon Gusman de done Elvire.

#### SGANARELLE.
C'est quelque chose aussi à peu près de cela.

#### DON JUAN.
Quoi! c'est lui?

#### SGANARELLE.
Lui-même.

#### DON JUAN.
Et depuis quand est-il en cette ville?

#### SGANARELLE.
D'hier au soir.

#### DON JUAN.
Et quel sujet l'amène?

#### SGANARELLE.
Je crois que vous jugez assez ce qui le peut inquiéter.

#### DON JUAN.
Notre départ, sans doute?

#### SGANARELLE.
Le bon homme en est tout mortifié, et m'en demandoit le sujet.

#### DON JUAN.

Et quelle réponse as-tu faite?

#### SGANARELLE.

Que vous ne m'en aviez rien dit.

#### DON JUAN.

Mais encore, quelle est ta pensée là-dessus? Que t'imagines-tu de cette affaire?

#### SGANARELLE.

Moi, je crois, sans vous faire tort, que vous avez quelque nouvel amour en tête.

#### DON JUAN.

Tu le crois?

#### SGANARELLE.

Oui.

#### DON JUAN.

Ma foi, tu ne te trompes pas; et je dois t'avouer qu'un autre objet a chassé Elvire de ma pensée.

#### SGANARELLE.

Hé! mon dieu! je sais mon don Juan sur le bout du doigt, et connois votre cœur pour le plus grand coureur du monde; il se plaît à se promener de liens en liens, et n'aime guère à demeurer en place.

#### DON JUAN.

Et ne trouves-tu pas, dis-moi, que j'ai raison d'en user de la sorte?

#### SGANARELLE.

Hé! monsieur....

#### DON JUAN.

Quoi? parle.

#### SGANARELLE.

Assurément que vous avez raison, si vous le voulez;

on ne peut pas aller là-contre : mais, si vous ne le vouliez pas, ce seroit peut-être une autre affaire.

DON JUAN.

Hé bien! je te donne la liberté de parler, et de me dire tes sentiments.

SGANARELLE.

En ce cas, monsieur, je vous dirai franchement que je n'approuve point votre méthode, et que je trouve fort vilain d'aimer de tous côtés comme vous faites.

DON JUAN.

Quoi! tu veux qu'on se lie à demeurer au premier objet qui nous prend, qu'on renonce au monde pour lui, et qu'on n'ait plus d'yeux pour personne? La belle chose de vouloir se piquer d'un faux honneur d'être fidèle, de s'ensevelir pour toujours dans une passion, et d'être mort dès sa jeunesse à toutes les autres beautés qui nous peuvent frapper les yeux! Non, non, la constance n'est bonne que pour des ridicules; toutes les belles ont droit de nous charmer, et l'avantage d'être rencontrée la première ne doit point dérober aux autres les justes prétentions qu'elles ont toutes sur nos cœurs. Pour moi, la beauté me ravit partout où je la trouve, et je cède facilement à cette douce violence dont elle nous entraîne. J'ai beau être engagé, l'amour que j'ai pour une belle n'engage point mon ame à faire injustice aux autres; je conserve des yeux pour voir le mérite de toutes, et rends à chacune les hommages et les tributs où la nature nous oblige. Quoi qu'il en soit, je ne puis refuser mon cœur à tout ce que je vois d'aimable; et dès qu'un beau visage me le demande, si j'en avois dix mille, je les donnerois tous. Les inclinations naissantes, après tout, ont des charmes inexplicables, et tout le plaisir de l'amour est dans le changement. On goûte une douceur extrême à réduire par cent hommages le cœur d'une jeune beauté; à voir de jour en jour les petits progrès qu'on y fait; à combattre par des transports, par des larmes et des soupirs, l'innocente pudeur d'une ame qui a peine à rendre les armes; à forcer pied à pied toutes les petites résistances qu'elle nous oppose; à vaincre les scrupules dont elle se fait un honneur; et à la mener doucement où nous avons envie de la faire venir. Mais lorsqu'on en est maître une fois, il n'y a plus rien à souhaiter; tout le beau de la passion est fini, et nous nous endormons dans la tranquillité d'un tel amour, si quelque objet nouveau ne vient réveiller nos desirs, et présenter à notre cœur les charmes attrayants d'une conquête à faire. Enfin il n'est rien de si doux que de triompher de la résistance d'une belle personne; et j'ai sur ce sujet l'ambition des conquérants, qui volent perpétuellement de victoire en victoire, et ne peuvent se résoudre à borner leurs souhaits. Il n'est rien qui puisse arrêter l'impétuosité de mes desirs; je me sens un cœur à aimer toute la terre; et, comme Alexandre, je souhaiterois qu'il y eût d'autres mondes pour y pouvoir étendre mes conquêtes amoureuses.

SGANARELLE.

Vertu de ma vie! comme vous débitez! Il semble que vous ayez appris cela par cœur, et vous parlez tout comme un livre.

DON JUAN.

Qu'as-tu à dire là-dessus?

SGANARELLE.

Ma foi, j'ai à dire... Je ne sais que dire : car vous tournez les choses d'une manière, qu'il semble que vous avez raison; et cependant il est vrai que vous ne l'avez pas. J'avois les plus belles pensées du monde, et vos discours m'ont brouillé tout cela. Laissez faire; une autre fois je mettrai mes raisonnements par écrit pour disputer avec vous.

DON JUAN.

Tu feras bien.

SGANARELLE.

Mais, monsieur, cela seroit-il de la permission que vous m'avez donnée, si je vous disois que je suis tant soit peu scandalisé de la vie que vous menez?

DON JUAN.

Comment! quel vie est-ce que je mène?

SGANARELLE.

Fort bonne. Mais, par exemple, de vous voir tous les mois vous marier comme vous faites...

DON JUAN.

Y a-t-il rien de plus agréable?

SGANARELLE.

Il est vrai, je conçois que cela est fort agréable et fort divertissant; et je m'en accommoderois assez, moi, s'il n'y avoit point de mal : mais, monsieur, se jouer ainsi du mariage, qui...

DON JUAN.

Va, va, c'est une affaire que je saurai bien démêler sans que tu t'en mettes en peine.

SGANARELLE.

Ma foi, monsieur, vous faites une méchante raillerie.

#### DON JUAN.

Holà, maître sot. Vous savez que je vous ai dit que je n'aime pas les faiseurs de remontrances.

#### SGANARELLE.

Je ne parle pas aussi à vous, Dieu m'en garde. Vous savez ce que vous faites, vous; et, si vous êtes libertin, vous avez vos raisons : mais il y a de certains petits impertinents dans le monde qui le sont sans savoir pourquoi, qui font les esprits forts, parce qu'ils croient que cela leur sied bien; et si j'avois un maître comme cela, je lui dirois nettement, le regardant en face : C'est bien à vous, petit ver de terre, petit mirmidon que vous êtes (je parle au maître que j'ai dit) c'est bien à vous à vouloir vous mêler de tourner en raillerie ce que tous les hommes révèrent! Pensez-vous que pour être de qualité, pour avoir une perruque blonde et bien frisée, des plumes à votre chapeau, un habit bien doré, et des rubans couleur de feu (ce n'est pas à vous que je parle, c'est à l'autre); pensez-vous, dis-je, que vous en soyez plus habile homme, que tout vous soit permis, et qu'on n'ose vous dire vos vérités? Apprenez de moi, qui suis votre valet, que les libertins ne font jamais une bonne fin, et que...

#### DON JUAN.

Paix!

#### SGANARELLE.

De quoi est-il question?

#### DON JUAN.

Il est question de te dire qu'une beauté me tient au cœur, et qu'entraîné par ses appas, je l'ai suivie jusqu'en cette ville.

## ACTE I, SCÈNE II.

SGANARELLE.

Et ne craignez-vous rien, monsieur, de la mort de ce commandeur que vous tuâtes il y a six mois?

DON JUAN.

Et pourquoi craindre? Ne l'ai-je pas bien tué?

SGANARELLE.

Fort bien, le mieux du monde; et il auroit tort de se plaindre.

DON JUAN.

J'ai eu ma grace de cette affaire.

SGANARELLE.

Oui : mais cette grace n'éteint pas peut-être le ressentiment des parents et des amis; et...

DON JUAN.

Ah! n'allons point songer au mal qui nous peut arriver, et songeons seulement à ce qui peut donner du plaisir. La personne dont je te parle est une jeune fiancée, la plus agréable du monde, qui a été conduite ici par celui même qu'elle y vient épouser; et le hasard me fit voir ce couple d'amants trois ou quatre jours avant leur voyage. Jamais je n'ai vu deux personnes être si contentes l'une de l'autre, et faire éclater plus d'amour. La tendresse visible de leurs mutuelles ardeurs me donna de l'émotion; j'en fus frappé au cœur, et mon amour commença par la jalousie. Oui, je ne pus souffrir d'abord de les voir si bien ensemble; le dépit alluma mes desirs, et je me figurai un plaisir extrême à pouvoir troubler leur intelligence, et rompre cet attachement dont la délicatesse de mon cœur se tenoit offensée : mais jusqu'ici tous mes efforts ont été inutiles, et j'ai recours au dernier remède. Cet époux prétendu doit aujourd'hui régaler sa maîtresse d'une promenade sur mer. Sans t'en avoir rien dit, toutes choses sont préparées pour satisfaire mon amour, et j'ai une petite barque et des gens avec quoi fort facilement je prétends enlever la belle.

SGANARELLE.

Ah! monsieur...

DON JUAN.

Hé!

SGANARELLE.

C'est fort bien fait à vous, et vous le prenez comme il faut. Il n'est rien tel en ce monde que de se contenter.

DON JUAN.

Prépare-toi donc à venir avec moi, et prends soin toi-même d'apporter toutes mes armes, afin que... (Apercevant done Elvire.) Ah! rencontre fâcheuse! Traître! tu ne m'avois pas dit qu'elle étoit ici elle-même.

SGANARELLE.

Monsieur, vous ne me l'avez pas demandé.

DON JUAN.

Est-elle folle de n'avoir pas changé d'habit, et de venir en ce lieu-ci avec son équipage de campagne?

## SCÈNE III.

DONE ELVIRE, DON JUAN, SGANARELLE.

DONE ELVIRE.

Me ferez-vous la grace, don Juan, de vouloir bien me reconnoître? et puis-je au moins espérer que vous daigniez tourner le visage de ce côté?

## ACTE I, SCÈNE III.

DON JUAN.

Madame, je vous avoue que je suis surpris, et que je ne vous attendois pas ici.

DONE ELVIRE.

Oui, je vois bien que vous ne m'y attendiez pas, et vous êtes surpris, à la vérité, mais tout autrement que je ne l'espérois; et la manière dont vous le paroissez me persuade pleinement ce que je refusois de croire. J'admire ma simplicité, et la foiblesse de mon cœur à douter d'une trahison que tant d'apparences me confirmoient. J'ai été assez bonne, je le confesse, ou plutôt assez sotte, pour me vouloir tromper moi-même, et travailler à démentir mes yeux et mon jugement. J'ai cherché des raisons pour excuser à ma tendresse le relâchement d'amitié qu'elle voyoit en vous; et je me suis forgé exprès cent sujets légitimes d'un départ si précipité, pour vous justifier du crime dont ma raison vous accusoit. Mes justes soupçons chaque jour avoient beau me parler, j'en rejetois la voix qui vous rendoit criminel à mes yeux, et j'écoutois avec plaisir mille chimères ridicules qui vous peignoient innocent à mon cœur; mais enfin cet abord ne me permet plus de douter, et le coup d'œil qui m'a reçue m'apprend bien plus de choses que je ne voudrois en savoir. Je serai bien aise pourtant d'ouïr de votre bouche les raisons de votre départ. Parlez, don Juan, je vous prie; et voyons de quel air vous saurez vous justifier.

DON JUAN.

Madame, voilà Sganarelle qui sait pourquoi je suis parti.

SGANARELLE, bas, à don Juan.

Moi, monsieur ? je n'en sais rien, s'il vous plaît.

DONE ELVIRE.

Hé bien! Sganarelle, parlez. Il n'importe de quelle bouche j'entende ses raisons.

DON JUAN, faisant signe à Sganarelle d'approcher.

Allons, parle donc à madame.

SGANARELLE, bas, à don Juan.

Que voulez-vous que je dise ?

DONE ELVIRE.

Approchez, puisqu'on le veut ainsi, et me dites un peu les causes d'un départ si prompt.

DON JUAN.

Tu ne répondras pas ?

SGANARELLE, bas, à don Juan.

Je n'ai rien à répondre. Vous vous moquez de votre serviteur.

DON JUAN.

Veux-tu répondre ? te dis-je.

SGANARELLE.

Madame...

DONE ELVIRE.

Quoi ?

SGANARELLE, se tournant vers son maître.

Monsieur...

DON JUAN, en le menaçant

Si...

SGANARELLE.

Madame, les conquérants, Alexandre, et les autres mondes, sont cause de notre départ. Voilà, monsieur, tout ce que je puis dire.

## ACTE I, SCÈNE III.

DONE ELVIRE.

Vous plaît-il, don Juan, nous éclaircir ces beaux mystères?

DON JUAN.

Madame, à vous dire la vérité...

DONE ELVIRE.

Ah! que vous savez mal vous défendre pour un homme de cour et qui doit être accoutumé à ces sortes de choses! J'ai pitié de vous voir la confusion que vous avez. Que ne vous armez-vous le front d'une noble effronterie? Que ne me jurez-vous que vous êtes toujours dans les mêmes sentiments pour moi, que vous m'aimez toujours avec une ardeur sans égale, et que rien n'est capable de vous détacher de moi que la mort? Que ne me dites-vous que des affaires de la dernière conséquence vous ont obligé à partir sans m'en donner avis; qu'il faut que, malgré vous, vous demeuriez ici quelque temps, et que je n'ai qu'à m'en retourner d'où je viens, assurée que vous suivrez mes pas le plus tôt qu'il vous sera possible; qu'il est certain que vous brûlez de me rejoindre, et qu'éloigné de moi vous souffrez ce que souffre un corps qui est séparé de son ame? Voilà comme il faut vous défendre, et non pas être interdit comme vous êtes.

DON JUAN.

Je vous avoue, madame, que je n'ai point le talent de dissimuler, et que je porte un cœur sincère. Je ne vous dirai point que je suis toujours dans les mêmes sentiments pour vous, et que je brûle de vous rejoindre, puisqu'enfin il est assuré que je ne suis parti que pour vous fuir, non point par les raisons que vous pouvez vous figurer, mais par un pur motif de conscience, et pour ne croire pas qu'avec vous davantage je puisse vivre sans péché. Il m'est venu des scrupules, madame, et j'ai ouvert les yeux de l'ame sur ce que je faisois. J'ai fait réflexion que, pour vous épouser, je vous ai dérobée à la clôture d'un couvent, que vous avez rompu des vœux qui vous engageoient autre part, et que le ciel est fort jaloux de ces sortes de choses. Le repentir m'a pris, et j'ai craint le courroux céleste. J'ai cru que notre mariage n'étoit qu'un adultère déguisé, qu'il nous attireroit quelque disgrace d'en-haut, et qu'enfin je devois tâcher de vous oublier et vous donner un moyen de retourner à vos premières chaînes. Voudriez-vous, madame, vous opposer à une si sainte pensée, et que j'allasse, en vous retenant, me mettre le ciel sur les bras ; que par...?

DONE ELVIRE.

Ah! scélérat, c'est maintenant que je te connois tout entier ; et, pour mon malheur, je te connois lorsqu'il n'en est plus temps, et qu'une telle connoissance ne peut plus me servir qu'à me désespérer : mais sache que ton crime ne demeurera pas impuni, et que le même ciel dont tu te joues, me saura venger de ta perfidie.

DON JUAN.

Madame...

DONE ELVIRE.

Il suffit, je n'en veux pas ouïr davantage, et je m'accuse même d'en avoir trop entendu. C'est une lâcheté que de se faire expliquer trop sa honte ; et, sur de tels sujets, un noble cœur au premier mot doit prendre son parti. N'attends pas que j'éclate ici en reproches et en injures; non, non, je n'ai point un courroux à s'exhaler en paroles vaines, et toute sa chaleur se réserve pour sa vengeance. Je te le dis encore; le ciel te punira, perfide, de l'outrage que tu me fais; et, si le ciel n'a rien que tu puisses appréhender, appréhende du moins la colère d'une femme offensée.

## SCÈNE IV.

### DON JUAN, SGANARELLE.

SGANARELLE, à part.

Si le remords le pouvoit prendre!

DON JUAN, après un moment de réflexion.

Allons songer à l'exécution de notre entreprise amoureuse.

SGANARELLE, seul.

Ah! quel abominable maître me vois-je obligé de servir!

FIN DU PREMIER ACTE.

# ACTE SECOND.

## SCÈNE I.

### CHARLOTTE, PIERROT.

CHARLOTTE.

Notre dinse! Piarrot, tu t'es trouvé là bian à point!

PIERROT.

Parguienne! il ne s'en est pas fallu l'époisseur d'une éplingue qu'ils ne se sayant nayés tous deux.

CHARLOTTE.

C'est donc le coup de vent d'à matin qui les avoit renvarsés dans la mar?

PIERROT.

Aga, quien, Charlotte, je m'en vais te conter tout fin drait comme cela est venu : car, comme dit l'autre, je les ai le premier avisés, avisés le premier je les ai. Enfin donc, j'étions sur le bord de la mar, moi et le gros Lucas, et je nous amusions à batifoler avec des mottes de tarre que je nous jesquions à la tête ; car, comme tu sais bian, le gros Lucas aime à batifoler, et moi, parfouas, je batifole itou. En batifolant donc, pisque batifoler y a, j'ai aparçu de tout loin queuque chose qui grouilloit dans gliau, et qui venoit comme envars nous par secousse. Je voyois cela fixiblement ; pis tout d'un coup je voyois que je ne voyois plus rian. Hé! Lucas, c'ai-je fait, je pense que vlà deux hommes qui nagiant là-bas. Voire, ce m'a-t-il fait, t'as été au trépassement d'un chat, t'as la vue trouble. Par sanguienne! c'ai-je fait, je n'ai point la vue trouble, ce sont des hommes. Point du tout, ce m'a-t-il fait, t'as la barlue. Veux-tu gager, c'ai-je fait, que je n'ai point la barlue, c'ai-je fait, et que ce sont deux hommes, c'ai-je fait, qui nagiant drait ici, c'ai-je fait? Morguienne! ce m'a-t-il fait, je gage que non. Oh çà, c'ai-je fait, veux-tu gager dix sous que si? Je le veux bian, ce m'a-t-il fait; et pour te montrer, vlà argent su jeu, ce m'a-t-il fait. Moi, je n'ai point été ni fou ni étourdi, j'ai bravement bouté à tarre quatre pièces tapées, et cinq sous en doubles, jerniguienne! aussi hardiment que si j'avois avalé un varre de vin; car je sis hasardeux, moi, et je vas à la débandade. Je savois bien ce que je faisois pourtant. Queuque gniais... Enfin donc je n'avons pas plutôt eu gagé, que j'avons vu les deux hommes tout à plain qui nous faisiant signe de les aller querir; et moi de tirer les enjeux. Allons, Lucas, c'ai-je dit, tu vois bien qu'ils nous appelont; allons vite à leu secours. Non, ce m'a-t-il dit, ils m'ont fait pardre. Oh donc, tanquia qu'à la parfin, pour le faire court, je l'ai tant sarmonné, que je nous sommes boutés dans une barque; et pis j'avons tant fait cahin caha, que je les avons tirés de gliau; et pis je les avons menés cheux nous auprès du feu; et pis ils se sant dépouillés tout nus pour se sécher; et pis il y en est venu encore deux de la même bande qui s'équiant sauvés tout seuls; et pis Mathurine est arrivée là, à qui l'en a fait les yeux doux. Vlà justement, Charlotte, comme tout ça s'est fait.

CHARLOTTE.

Ne m'as-tu pas dit, Piarrot, qu'il y en a un qui est bian mieux fait que les autres?

PIERROT.

Oui, c'est le maître. Il faut que ce soit queuque gros monsieu, car il a du d'or à son habit tout depis le haut jusqu'en bas, et ceux qui le servont sont des monsieux eux-mêmes; et stapendant, tout gros monsieu qu'il est, il seroit, parmanqué, nayé si je n'avions été là.

CHARLOTTE.

Ardez un peu!

PIERROT.

Oh! parguienne! sans nous, il en avoit pour sa maine de fèves.

CHARLOTTE.

Est-il encore cheux toi tout nu, Piarrot?

PIERROT.

Nannain, ils l'avont r'habillé tout devant nous. Mon guieu! je n'en avois jamais vu s'habiller. Que d'histoires et d'engingorniaux boutont ces messieux-là les courtisans! Je me pardrois là-dedans, pour moi; et j'étois tout ébobi de voir ça. Quien, Charlotte, ils avont des cheveux qui ne tenont point à leur tête; et ils boutont ça, après tout, comme un gros bonnet de filasse. Ils ant des chemises qui ant des manches où j'entrerions tout brandis toi et moi. En glieu d'haut-de-chausse, ils portont une garde-robe aussi large que d'ici à Pâque; en glieu de pourpoint, de petites brassières qui ne leu venont pas jusqu'au brichet;

et, en glieu de rabat, un grand mouchoir de cou à résiau, aveuc quatre grosses houppes de linge qui leu pendont sur l'estomaque. Ils avont itou d'autres petits rabats au bout des bras, et de grands entonnois de passement aux jambes, et, parmi tout ça, tant de rubans, tant de rubans, que c'est une vraie piquié : ignia pas jusqu'aux souliers qui n'en soyent farcis tout depis un bout jusqu'à l'autre; et ils sont faits d'eune façon que je me romprois le cou aveuc.

CHARLOTTE.

Par ma fi, Piarrot, il faut que j'aille voir un peu ça.

PIERROT.

Oh! acoute un peu auparavant, Charlotte. J'ai queuque autre chose à te dire, moi.

CHARLOTTE.

Hé bian! dis; qu'est-ce que c'est.

PIERROT.

Vois-tu, Charlotte, il faut, comme dit l'autre, que je débonde mon cœur. Je t'aime, tu le sais bian, et je sommes pour être mariés ensemble; mais, marguienne, je ne suis point satisfait de toi.

CHARLOTTE.

Quèment! qu'est-ce que c'est donc qu'iglia?

PIERROT.

Iglia que tu me chagrines l'esprit, franchement.

CHARLOTTE.

Et quement donc?

PIERROT.

Tétiguienne! tu ne m'aimes point.

CHARLOTTE.

Ah! ah! n'est-ce que ça?

PIERROT.

Oui, ce n'est que ça, et c'est bian assez.

CHARLOTTE.

Mon guieu! Piarrot, tu me viens toujours dire la même chose.

PIERROT.

Je te dis toujou la même chose, parce que c'est toujou la même chose; et si ce n'étoit pas toujou la même chose, je ne te dirois pas toujou la même chose.

CHARLOTTE.

Mais qu'est-ce qu'il te faut? Que veux-tu?

PIERROT.

Jerniguienne! je veux que tu m'aimes.

CHARLOTTE.

Est-ce que je ne t'aime pas?

PIERROT.

Non, tu ne m'aimes pas, et si je fais tout ce que je pis pour ça. Je t'achète, sans reproche, des rubans à tous les marciers qui passont; je me romps le cou à t'aller dénicher des marles; je fais jouer pour toi les vielleux quand ce vient ta fête : et tout ça comme si je me frappois la tête contre un mur. Vois-tu, ça n'est ni biau ni honnête de n'aimer pas les gens qui nous aimont.

CHARLOTTE.

Mais, mon guieu! je t'aime aussi.

PIERROT.

Oui, tu m'aimes d'une belle dégaine!

CHARLOTTE.

Quement veux-tu donc qu'on fasse?

## ACTE II, SCÈNE I.

PIERROT.

Je veux que l'en fasse comme l'en fait quand l'en aime comme il faut.

CHARLOTTE.

Ne t'aimé-je pas aussi comme il faut?

PIERROT.

Non. Quand ça est, ça se voit: et l'en fait mille petites singeries aux personnes, quand en les aime du bon du cœur. Regarde la grosse Thomasse, comme alle est assotée du jeune Robain: alle est toujou autour de li à l'agacer, et ne le laisse jamais en repos. Toujou alle li fait queuque niche, ou li baille queuque taloche en passant; et, l'autre jour qu'il étoit assis sur un escabiau, alle fut le tirer de dessous li, et le fit choir tout de son long par tarre. Jarni! vlà où l'en voit les gens qui aimont! Mais toi, tu ne me dis jamais mot, t'es toujou là comme eune vrai souche de bois; et je passerois vingt fois devant toi, que tu ne te grouillerois pas pour me bailler le moindre coup, ou me dire la moindre chose. Ventreguienne! ça n'est pas bian, après tout; et t'es trop froide pour les gens.

CHARLOTTE.

Que veux-tu que j'y fasse? C'est mon himeur, et je ne me pis refondre.

PIERROT.

Ignia himeur qui tienne. Quand en a de l'amiquié pour les parsonnes, l'en en baille toujou quéuque petite signifiance.

CHARLOTTE.

Enfin, je t'aime tout autant que je pis; et, si tu n'es

pas content de ça, tu n'as qu'à en aimer queuque autre.

PIERROT.

Hé bian! vlà pas mon compte? Tétigué! si tu m'aimois, me dirois-tu ça?

CHARLOTTE.

Pourquoi me viens-tu aussi tarabuster l'esprit?

PIERROT.

Morgué! queu mal te fais-je? Je ne te demande qu'un peu d'amiquié.

CHARLOTTE.

Hé bian! laisse faire aussi, et ne me presse point tant. Peut-être que ça viendra tout d'un coup sans y songer.

PIERROT.

Touche donc là, Charlotte.

CHARLOTTE, donnant sa main.

Hé bian! quien.

PIERROT.

Promets-moi donc que tu tâcheras de m'aimer davantage.

CHARLOTTE.

J'y ferai tout ce que je pourrai; mais il faut que ça vienne de lui-même. Piarrot, est-ce là ce monsieu?

PIERROT.

Oui, le vlà.

CHARLOTTE.

Ah! mon guieu! qu'il est genti! et que ç'auroit été dommage qu'il eût été nayé!

PIERROT.

Je revians tout à l'heure; je m'en vais boire chopaine pour me rebouter tant soit peu de la fatigue que j'ai eue.

## SCÈNE II.

DON JUAN, SGANARELLE; CHARLOTTE,
dans le fond du théâtre.

#### DON JUAN.

Nous avons manqué notre coup, Sganarelle, et cette bourrasque imprévue à renversé avec notre barque le projet que nous avions fait : mais, à te dire vrai, la paysanne que je viens de quitter répare ce malheur, et je lui ai trouvé des charmes qui effacent de mon esprit tout le chagrin que me donnoit le mauvais succès de notre entreprise. Il ne faut pas que ce cœur m'échappe; et j'y ai déja jeté des dispositions à ne pas me souffrir long-temps pousser des soupirs.

#### SGANARELLE.

Monsieur, j'avoue que vous m'étonnez. A peine sommes-nous échappés d'un péril de mort, qu'au lieu de rendre grace au ciel de la pitié qu'il a daigné prendre de nous, vous travaillez tout de nouveau à attirer sa colère par vos fantaisies accoutumées et vos amours cr... (*Don Juan prend un air menaçant.*) Paix! coquin que vous êtes; vous ne savez ce que vous dites, et monsieur sait ce qu'il fait. Allons.

#### DON JUAN, apercevant Charlotte.

Ah! ah! d'où sort cette autre paysanne, Sganarelle? As-tu rien vu de plus joli? et ne trouves-tu pas, dis-moi, que celle-ci vaut bien l'autre?

#### SGANARELLE.

Assurément. (A part.) Autre pièce nouvelle!

#### DON JUAN, à Charlotte.

D'où me vient, la belle, une rencontre si agréable? Quoi! dans ces lieux champêtres, parmi ces arbres et ces rochers, on trouve des personnes faites comme vous êtes!

#### CHARLOTTE.

Vous voyez, monsieu.

#### DON JUAN.

Êtes-vous de ce village?

#### CHARLOTTE.

Oui, monsieu.

#### DON JUAN.

Et vous y demeurez?

#### CHARLOTTE.

Oui, monsieu.

#### DON JUAN.

Vous vous appelez?

#### CHARLOTTE.

Charlotte, pour vous sarvir.

#### DON JUAN.

Ah! la belle personne! et que ses yeux sont pénétrants!

#### CHARLOTTE.

Monsieur, vous me rendez toute honteuse.

#### DON JUAN.

Ah! n'ayez point de honte d'entendre dire vos vérités. Sganarelle, qu'en dis-tu? Peut-on rien voir de plus agréable? Tournez-vous un peu, s'il vous plaît. Ah! que cette taille est jolie! Haussez un peu la tête, de grace. Ah que ce visage est mignon! Ouvrez vos yeux entièrement!

## ACTE II, SCÈNE II.

Ah! qu'ils sont beaux! Que je voie un peu vos dents, je vous prie. Ah! qu'elles sont amoureuses, et ces lèvres appétissantes! Pour moi, je suis ravi, et je n'ai jamais vu une si charmante personne.

CHARLOTTE.

Monsieu, cela vous plaît à dire, et je ne sais pas si c'est pour vous railler de moi.

DON JUAN.

Moi, me railler de vous? Dieu m'en garde! Je vous aime trop pour cela, et c'est du fond du cœur que je vous parle.

CHARLOTTE.

Je vous sis bian obligée, si ça est.

DON JUAN.

Point du tout, vous ne m'êtes point obligée de tout ce que je dis; et ce n'est qu'à votre beauté que vous en êtes redevable.

CHARLOTTE.

Monsieu, tout ça est trop bian dit pour moi, et je n'ai pas d'esprit pour vous répondre.

DON JUAN.

Sganarelle, regarde un peu ses mains.

CHARLOTTE.

Fi, monsieu! elles sont noires comme je ne sais quoi.

DON JUAN.

Ah! que dites-vous là? elles sont les plus blanches du monde: souffrez que je les baise, je vous prie.

CHARLOTTE.

Monsieu, c'est trop d'honneur que vous me faites; et,

si j'avois su ça tantôt, je n'aurois pas manqué de les laver avec du son.

### DON JUAN.

Hé! dites-moi un peu, belle Charlotte, vous n'êtes pas mariée, sans doute?

### CHARLOTTE.

Non, monsieu; mais je dois bientôt l'être avec Piarrot, le fils de la voisine Simonnette.

### DON JUAN.

Quoi! une personne comme vous seroit la femme d'un simple paysan! Non, non; c'est profaner tant de beautés, et vous n'êtes pas née pour demeurer dans un village. Vous méritez, sans doute, une meilleure fortune; et le ciel, qui le connoît bien, m'a conduit ici tout exprès pour empêcher ce mariage, et rendre justice à vos charmes: car enfin, belle Charlotte, je vous aime de tout mon cœur; et il ne tiendra qu'à vous que je vous arrache de ce misérable lieu, et que je vous mette dans l'état où vous méritez d'être. Cet amour est bien prompt, sans doute: mais quoi! c'est un effet, Charlotte, de votre grande beauté; et l'on vous aime autant en un quart d'heure qu'on feroit une autre en six mois.

### CHARLOTTE.

Aussi, vrai, monsieu, je ne sais comment faire quand vous parlez. Ce que vous dites me fait aise, et j'aurois toutes les envies du monde de vous croire; mais on m'a toujours dit qu'il ne faut jamais croire les monsieux, et que vous autres courtisans êtes des enjôleux qui ne songez qu'à abuser les filles.

DON JUAN.

Je ne suis pas de ces gens-là.

SGANARELLE, à part.

Il n'a garde.

CHARLOTTE.

Voyez-vous, monsieur, il n'y a pas plaisir à se laisser abuser. Je suis une pauvre paysanne; mais j'ai l'honneur en recommandation, et j'aimerois mieux me voir morte que de me voir déshonorée.

DON JUAN.

Moi, j'aurois l'ame assez méchante pour abuser une personne comme vous! Je serois assez lâche pour vous déshonorer! Non, non, j'ai trop de conscience pour cela. Je vous aime, Charlotte, en tout bien et en tout honneur; et, pour vous montrer que je dis vrai, sachez que je n'ai point d'autre dessein que de vous épouser. En voulez-vous un plus grand témoignage? M'y voilà prêt, quand vous voudrez; et je prends à témoin l'homme que voilà de la parole que je vous donne.

SGANARELLE.

Non, non, ne craignez point; il se mariera avec vous tant que vous voudrez.

DON JUAN.

Ah! Charlotte, je vois bien que vous ne me connoissez pas encore. Vous me faites grand tort de juger de moi par les autres; et s'il y a des fourbes dans le monde, des gens qui ne cherchent qu'à abuser les filles, vous devez me tirer du nombre, et ne pas mettre en doute la sincérité de ma foi : et puis, votre beauté vous assure de tout. Quand on est faite comme vous, on doit être à couvert de toutes ces sortes de craintes : vous n'avez point l'air, croyez-moi, d'une personne qu'on abuse ; et pour moi, je l'avoue, je me percerois le cœur de mille coups, si j'avois eu la moindre pensée de vous trahir.

CHARLOTTE.

Mon guieu, je ne sais si vous dites vrai, ou non, mais vous faites que l'on vous croit.

DON JUAN.

Lorsque vous me croirez, vous me rendrez justice assurément ; et je vous réitère encore la promesse que je vous ai faite. Ne l'acceptez-vous pas ? et ne voulez-vous pas consentir à être ma femme ?

CHARLOTTE.

Oui, pourvu que ma tante le veuille.

DON JUAN.

Touchez donc là, Charlotte, puisque vous le voulez bien de votre part.

CHARLOTTE.

Mais, au moins, monsieur, ne m'allez pas tromper, je vous prie ; il y auroit de la conscience à vous ; et vous voyez comme j'y vais à la bonne foi.

DON JUAN.

Comment ! il semble que vous doutiez encore de ma sincérité ! Voulez-vous que je fasse des serments épouvantables ? Que le ciel...

CHARLOTTE.

Mon guieu ! ne jurez point ; je vous crois.

DON JUAN.

Donnez-moi donc un petit baiser, pour gage de votre parole.

CHARLOTTE.

Oh! monsieu, attendez que je soyons mariés, je vous prie : après ça, je vous baiserai tant que vous voudrez.

DON JUAN.

Hé bien! belle Charlotte, je veux tout ce que vous voulez; abandonnez-moi seulement votre main, et souffrez que, par mille baisers, je lui exprime le ravissement où je suis.

## SCÈNE III.

DON JUAN, SGANARELLE, PIERROT, CHARLOTTE.

PIERROT, poussant don Juan, qui baise la main de Charlotte.

Tout doucement, monsieu; tenez-vous, s'il vous plaît. Vous vous échauffez trop, et vous pourriez gagner la purésie.

DON JUAN, repoussant rudement Pierrot.

Qui m'amène cet impertinent?

PIERROT, se mettant entre don Juan et Charlotte.

Je vous dis qu'ou vous tegniez, et qu'ou ne caressiez point nos accordées.

DON JUAN, repoussant encore Pierrot.

Ah! que de bruit!

PIERROT.

Jerniguienne! ce n'est pas comme ça qu'il faut pousser les gens.

CHARLOTTE, prenant Pierrot par le bras.

Et laisse-le faire aussi, Piarrot.

#### PIERROT.

Quement! que je le laisse faire? Je ne veux pas, moi.

#### DON JUAN.

Ah!

#### PIERROT.

Tétiguienne! parce qu'ous êtes monsieu, vous viendrez caresser nos femmes à notre barbe? Allez-v's-en caresser les vôtres.

#### DON JUAN.

Hé!

#### PIERROT.

Hé! ( Don Juan lui donne un soufflet. ) Tétiguié! ne me frappez pas. (Autre soufflet.) Oh! jerguigué! (Autre soufflet.) Ventregué! ( Autre soufflet. ) Palsaguié! morguienne! ça n'est pas bian de battre les gens, et ce n'est pas là la récompense de v's avoir sauvé d'être nayé.

#### CHARLOTTE.

Piarrot, ne te fâche pas.

#### PIERROT.

Je me veux fâcher; et t'es une vilaine, toi, d'endurer qu'on te cajole.

#### CHARLOTTE.

Oh! Piarrot, ce n'est pas ce que tu penses. Ce monsieu veut m'épouser, et tu ne dois pas te bouter en colère.

#### PIERROT.

Quement! jerni! tu m'es promise.

#### CHARLOTTE.

Ça n'y fait rian, Piarrot. Si tu m'aimes, ne dois-tu pas être bian aise que je devienne madame?

#### PIERROT.

Jernigué! non. J'aime mieux te voir crevée que de te voir à un autre.

## ACTE II, SCÈNE III.

CHARLOTTE.

Va, va, Piarrot, ne te mets point en peine. Si je sis madame, je te ferai gagner queuque chose, et tu apporteras du beurre et du fromage cheux nous.

PIERROT.

Ventreguienne! je gni en porterai jamais, quand tu m'en paierois deux fouas autant. Est-ce donc comme ça que t'écoutes ce qu'il te dit? Morguienne! si j'avois su ça tantôt, je me serois bian gardé de le tirer de gliau, et je gli aurois baillé un bon coup d'aviron sur la tête.

DON JUAN, s'approchant de Pierrot pour le frapper.

Qu'est-ce que vous dites?

PIERROT, se mettant derrière Charlotte.

Jerniguienne! je ne crains personne.

DON JUAN, passant du côté où est Pierrot.

Attendez-moi un peu.

PIERROT, repassant de l'autre côté.

Je me moque de tout, moi.

DON JUAN, courant après Pierrot.

Voyons cela.

PIERROT, se sauvant encore derrière Charlotte.

J'en avons bian vu d'autres.

DON JUAN.

Ouais!

SGANARELLE.

Hé! monsieur, laissez là ce pauvre misérable. C'est conscience de le battre. (A Pierrot, en se mettant entre lui et don Juan.) Écoute mon pauvre garçon, retire-toi, et ne lui dis rien.

PIERROT, *passant devant Sganarelle, et regardant fièrement don Juan.*

Je veux lui dire, moi.

DON JUAN, *levant la main pour donner un soufflet à Pierrot.*

Ah! je vous apprendrai...

(*Pierrot baisse la tête, et Sganarelle reçoit le soufflet.*)

SGANARELLE, *regardant Pierrot.*

Peste soit du maroufle!

DON JUAN, *à Sganarelle.*

Te voilà payé de ta charité.

PIERROT.

Jarni! je vas dire à sa tante tout ce ménage-ci.

## SCÈNE IV.

DON JUAN, CHARLOTTE, SGANARELLE.

DON JUAN, *à Charlotte.*

Enfin je m'en vais être le plus heureux de tous les hommes, et je ne changerois pas mon bonheur contre toutes les choses du monde. Que de plaisirs quand vous serez ma femme! et que...

## SCÈNE V.

DON JUAN, MATHURINE, CHARLOTTE, SGANARELLE.

SGANARELLE, *apercevant Mathurine.*

Ah! ah!

## ACTE II, SCÈNE V.

MATHURINE, à don Juan.

Monsieu, que faites-vous donc là avec Charlotte? Est-ce que vous lui parlez d'amour aussi?

DON JUAN, bas, à Mathurine.

Non : au contraire, c'est elle qui me témoignoit une envie d'être ma femme, et je lui répondois que j'étois engagé à vous.

CHARLOTTE, à don Juan.

Qu'est-ce que c'est donc que vous veut Mathurine?

DON JUAN, bas, à Charlotte.

Elle est jalouse de me voir vous parler, et voudroit bien que je l'épousasse; mais je lui dis que c'est vous que je veux.

MATHURINE.

Quoi! Charlotte...

DON JUAN, bas, à Mathurine.

Tout ce que vous lui direz sera inutile; elle s'est mis cela dans la tête.

CHARLOTTE.

Quement donc! Mathurine...

DON JUAN, bas, à Charlotte.

C'est en vain que vous lui parlerez, vous ne lui ôterez pas cette fantaisie.

MATHURINE.

Est-ce que...?

DON JUAN, bas, à Mathurine.

Il n'y a pas moyen de lui faire entendre raison.

CHARLOTTE.

Je voudrois...

DON JUAN, bas, à Charlotte.

Elle est obstinée comme tous les diables.

MATHURINE.

Vrament...

DON JUAN, bas, à Mathurine.

Ne lui dites rien; c'est une folle.

CHARLOTTE.

Je pense...

DON JUAN, bas, à Charlotte.

Laissez-la là; c'est une extravagante.

MATHURINE.

Non, non; il faut que je lui parle.

CHARLOTTE.

Je veux voir un peu ses raisons.

MATHURINE.

Quoi!...

DON JUAN, bas, à Mathurine.

Je gage qu'elle va vous dire que je lui ai promis de l'épouser.

CHARLOTTE.

Je...

DON JUAN, bas, à Charlotte.

Gageons qu'elle vous soutiendra que je lui ai donné parole de la prendre pour femme.

MATHURINE.

Holà! Charlotte, ça n'est pas bian de courir su le marché des autres.

CHARLOTTE.

Ça n'est pas honnête, Mathurine, d'être jalouse que monsieu me parle.

MATHURINE.

C'est moi que monsieu a vue la première.

## ACTE II, SCÈNE V.

CHARLOTTE.

S'il vous a vue la première, il m'a vue la seconde, et m'a promis de m'épouser.

DON JUAN, bas, à Mathurine.

Hé bien! que vous ai-je dit?

MATHURINE, à Charlotte.

Je vous baise les mains; c'est moi, et non pas vous, qu'il a promis d'épouser.

DON JUAN, bas, à Charlotte.

N'ai-je pas deviné?

CHARLOTTE.

A d'autres, je vous prie; c'est moi, vous dis-je.

MATHURINE.

Vous vous moquez des gens; c'est moi, encore un coup.

CHARLOTTE.

Le v'là qui est pour le dire, si je n'ai pas raison.

MATHURINE.

Le v'la qui est pour me démentir, si je ne dis pas vrai.

CHARLOTTE.

Est-ce, monsieu, que vous lui avez promis de l'épouser?

DON JUAN, bas, à Charlotte.

Vous vous raillez de moi.

MATHURINE.

Est-il vrai, monsieu, que vous lui avez donné parole d'être son mari?

DON JUAN, bas, à Mathurine.

Pouvez-vous avoir cette pensée?

CHARLOTTE.

Vous voyez qu'al le soutient.

DON JUAN, bas, à Charlotte.

Laissez-la faire.

MATHURINE.

Vous êtes témoin comme al l'assure.

DON JUAN, bas, à Mathurine.

Laissez-la dire.

CHARLOTTE.

Non, non; il faut savoir la vérité.

MATHURINE.

Il est question de juger ça.

CHARLOTTE.

Oui, Mathurine, je veux que monsieu vous montre votre bec jaune.

MATHURINE.

Oui, Charlotte, je veux que monsieu vous rende un peu camuse.

CHARLOTTE.

Monsieu, videz la querelle, s'il vous plaît.

MATHURINE.

Mettez-nous d'accord, monsieu.

CHARLOTTE, à Mathurine.

Vous allez voir.

MATHURINE, à Charlotte.

Vous allez voir vous-même.

CHARLOTTE, à don Juan.

Dites.

MATHURINE, à don Juan.

Parlez.

DON JUAN.

Que voulez-vous que je dise? Vous soutenez également toutes deux que je vous ai promis de vous prendre pour femmes. Est-ce que chacune de vous ne sait pas ce qui en est, sans qu'il soit nécessaire que je m'explique davantage? Pourquoi m'obliger là-dessus à des redites? Celle à qui j'ai promis effectivement n'a-t-elle pas en elle-même de quoi se moquer des discours de l'autre? et doit-elle se mettre en peine, pourvu que j'accomplisse ma promesse? Tous les discours n'avancent point les choses. Il faut faire et non pas dire; et les effets décident mieux que les paroles. Aussi n'est-ce que par-là que je vous veux mettre d'accord; et l'on verra, quand je me marierai, laquelle des deux a mon cœur. (Bas, à Mathurine.) Laissez-lui croire ce qu'elle voudra. (Bas, à Charlotte.) Laissez-la se flatter dans son imagination. (Bas, à Mathurine.) Je vous adore. (Bas à Charlotte.) Je suis tout à vous. (Bas, à Mathurine.) Tous les visages sont laids auprès du vôtre. (Bas, à Charlotte.) On ne peut plus souffrir les autres quand on vous a vue. (Haut.) J'ai un petit ordre à donner; je viens vous retrouver dans un quart d'heure.

## SCÈNE VI.

### CHARLOTTE, MATHURINE, SGANARELLE.

CHARLOTTE, à Mathurine.

Je suis celle qu'il aime, au moins.

MATHURINE, à Charlotte.

C'est moi qu'il épousera.

SGANARELLE, arrêtant Charlotte et Mathurine.

Ah! pauvres filles que vous êtes, j'ai pitié de votre innocence, et je ne puis souffrir de vous voir courir à votre malheur. Croyez-moi, l'une et l'autre: ne vous amusez point à tous les contes qu'on vous fait, et demeurez dans votre village.

## SCÈNE VII.

### DON JUAN, CHARLOTTE, MATHURINE, SGANARELLE.

DON JUAN, *dans le fond du théâtre, à part.*

Je voudrois bien savoir pourquoi Sganarelle ne me suit pas.

SGANARELLE.

Mon maître est un fourbe; il n'a dessein que de vous abuser, et en a bien abusé d'autres : c'est l'épouseur du genre humain, et... (*Apercevant don Juan.*) Cela est faux; et quiconque vous dira cela, vous lui devez dire qu'il en a menti. Mon maître n'est point l'épouseur du genre humain, il n'est point fourbe; il n'a pas dessein de vous tromper, et n'en a point abusé d'autres. Ah! tenez, le voilà; demandez le plutôt à lui-même.

DON JUAN, *regardant Sganarelle, et le soupçonnant d'avoir parlé.*

Oui !

SGANARELLE.

Monsieur, comme le monde est plein de médisants, je vais au-devant des choses; et je leur disois que, si quelqu'un leur venoit dire du mal de vous, elles se gardassent bien de le croire, et ne manquassent pas de lui dire qu'il en auroit menti.

DON JUAN.

Sganarelle !

SGANARELLE, à Charlotte et à Mathurine.

Oui, monsieur est homme d'honneur, je le garantis tel.

DON JUAN.

Hon!

SGANARELLE.

Ce sont des impertinents.

## SCÈNE VIII.

DON JUAN, LA RAMÉE, CHARLOTTE, MATHURINE, SGANARELLE.

LA RAMÉE, bas, à don Juan.

Monsieur, je viens vous avertir qu'il ne fait pas bon ici pour vous.

DON JUAN.

Comment?

LA RAMÉE.

Douze hommes à cheval vous cherchent, qui doivent arriver ici dans un moment. Je ne sais par quel moyen ils peuvent vous avoir suivi, mais j'ai appris cette nouvelle d'un paysan qu'ils ont interrogé, et auquel ils vous ont dépeint. L'affaire presse; et le plus tôt que vous pourrez sortir d'ici sera le meilleur.

## SCÈNE IX.

### DON JUAN, CHARLOTTE, MATHURINE, SGANARELLE.

DON JUAN, à Charlotte et à Mathurine.

Une affaire pressante m'oblige de partir d'ici; mais je vous prie de vous ressouvenir de la parole que je vous ai donnée, et de croire que vous aurez de mes nouvelles avant qu'il soit demain au soir.

## SCÈNE X.

### DON JUAN, SGANARELLE.

DON JUAN.

Comme la partie n'est pas égale, il faut user de stratagême, et éluder adroitement le malheur qui me cherche. Je veux que Sganarelle se revête de mes habits; et moi...

SGANARELLE.

Monsieur, vous vous moquez. M'exposer à être tué sous vos habits, et...

DON JUAN.

Allons vite, c'est trop d'honneur que je vous fais; et bienheureux est le valet qui peut avoir la gloire de mourir pour son maître.

## ACTE II, SCÈNE X.

SGANARELLE.

(Seul.)

Je vous remercie d'un tel honneur. O ciel, puisqu'il s'agit de mort, fais-moi la grâce de n'être point pris pour un autre!

FIN DU SECOND ACTE.

# ACTE TROISIÈME.

## SCÈNE I.

DON JUAN, en habit de campagne; SGANARELLE, en médecin.

### SGANARELLE.

Ma foi, monsieur, avouez que j'ai eu raison, et que nous voilà l'un et l'autre déguisés à merveille. Votre premier dessein n'étoit point du tout à propos, et ceci nous cache bien mieux que tout ce que vous vouliez faire.

### DON JUAN.

Il est vrai que te voilà bien; et je ne sais où tu as été déterrer cet attirail ridicule.

### SGANARELLE.

Oui. C'est l'habit d'un vieux médecin, qui a été laissé en gage au lieu où je l'ai pris, et il m'en a coûté de l'argent pour l'avoir. Mais savez-vous, monsieur, que cet habit me met déja en considération, que je suis salué des gens que je rencontre, et que l'on me vient consulter ainsi qu'un habile homme?

### DON JUAN.

Comment donc?

### SGANARELLE.

Cinq ou six paysans et paysannes, en me voyant passer, me sont venus demander mon avis sur différentes maladies.

DON JUAN.

Tu leur as répondu que tu n'y entendois rien?

SGANARELLE.

Moi? point du tout. J'ai voulu soutenir l'honneur de mon habit; j'ai raisonné sur le mal, et leur ai fait des ordonnances à chacun.

DON JUAN.

Et quels remèdes encore leur as-tu ordonnés?

SGANARELLE.

Ma foi, monsieur, j'en ai pris par où j'en ai pu attraper; j'ai fait mes ordonnances à l'aventure; et ce seroit une chose plaisante, si les malades guérissoient, et qu'on m'en vînt remercier.

DON JUAN.

Et pourquoi non? Par quelle raison n'aurois-tu pas les mêmes priviléges qu'ont tous les autres médecins? Ils n'ont pas plus de part que toi aux guérisons des malades, et tout leur art est pure grimace. Ils ne font rien que recevoir la gloire des heureux succès : et tu peux profiter comme eux du bonheur du malade, et voir attribuer à tes remèdes tout ce qui peut venir des faveurs du hasard et des forces de la nature.

SGANARELLE.

Comment! monsieur, vous êtes aussi impie en médecine?

DON JUAN.

C'est une des grandes erreurs qui soient parmi les hommes.

SGANARELLE.

Quoi! vous ne croyez pas au séné, ni à la casse, ni au vin émétique?

DON JUAN.

Et pourquoi veux-tu que j'y croie?

SGANARELLE.

Vous avez l'ame bien mécréante. Cependant vous voyez depuis un temps que le vin émétique fait bruire ses fuseaux : ses miracles ont converti les plus incrédules esprits; et il n'y a pas trois semaines que j'en ai vu, moi qui vous parle, un effet merveilleux.

DON JUAN.

Et quel?

SGANARELLE.

Il y avoit un homme qui, depuis six jours, étoit à l'agonie : on ne savoit plus que lui ordonner, et tous les remèdes ne faisoient rien : on s'avisa à la fin de lui donner de l'émétique.

DON JUAN.

Il réchappa, n'est-ce pas?

SGANARELLE.

Non, il mourut.

DON JUAN.

L'effet est admirable!

SGANARELLE.

Comment! il y avoit six jours entiers qu'il ne pouvoit mourir, et cela le fit mourir tout d'un coup. Voulez-vous rien de plus efficace?

DON JUAN.

Tu as raison.

SGANARELLE.

Mais laissons là la médecine où vous ne croyez point, et parlons des autres choses; car cet habit me donne de l'esprit, et je me sens en humeur de disputer contre vous. Vous savez bien que vous me permettez les disputes, et que vous ne me défendez que les remontrances.

DON JUAN.

Hé bien?

SGANARELLE.

Je veux savoir vos pensées à fond, et vous connoître un peu mieux que je ne fais. Çà, quand voulez-vous mettre fin à vos débauches, et mener la vie d'un honnête homme?

DON JUAN *lève la main pour lui donner un soufflet.*

Ah! maître sot, vous allez d'abord aux remontrances.

SGANARELLE, *en se reculant.*

Morbleu! je suis bien sot en effet de vouloir m'amuser à raisonner avec vous : faites tout ce que vous voudrez; il m'importe bien que vous vous perdiez ou non, et que...

DON JUAN.

Tais-toi. Songeons à notre affaire. Ne serions-nous point égarés? Appelle cet homme que voilà là-bas, pour lui demander le chemin.

## SCÈNE II.

DON JUAN, SGANARELLE, FRANCISQUE.

SGANARELLE.

Holà ho! l'homme! mon compère! Ho! l'ami! un petit

mot, s'il vous plaît. Enseignez-nous un peu le chemin qui mène à la ville.

FRANCISQUE.

Vous n'avez qu'à suivre cette route, messieurs, et détourner à main droite quand vous serez au bout de la forêt. Mais je vous donne avis que vous devez vous tenir sur vos gardes, et que, depuis quelque temps, il y a des voleurs ici autour.

DON JUAN.

Je te suis bien obligé, mon ami, et je te rends grâce de tout mon cœur de ton bon avis.

## SCÈNE III.

### DON JUAN, SGANARELLE.

SGANARELLE.

Ah! monsieur! quel bruit! quel cliquetis!

DON JUAN, *regardant dans la forêt.*

Que vois-je là? Un homme attaqué par trois autres! La partie est trop inégale, et je ne dois pas souffrir cette lâcheté.

( Il met l'épée à la main, et court au lieu du combat. )

## SCÈNE IV.

### SGANARELLE.

Mon maître est un vrai enragé, d'aller se présenter à

un péril qui ne le cherche pas! Mais, ma foi, le secours a servi, et les deux ont fait fuir les trois.

## SCÈNE V.

#### DON JUAN, DON CARLOS; SGANARELLE,
au fond du théâtre.

DON CARLOS, remettant son épée.

On voit, par la fuite de ces voleurs, de quel secours est votre bras. Souffrez, monsieur, que je vous rende grace d'une action si généreuse, et que...

DON JUAN.

Je n'ai rien fait, monsieur, que vous n'eussiez fait à ma place. Notre propre honneur est intéressé dans de pareilles aventures; et l'action de ces coquins étoit si lâche, que c'eût été y prendre part que de ne s'y pas opposer. Mais par quelle rencontre vous êtes-vous trouvé entre leurs mains?

DON CARLOS.

Je m'étois, par hasard, égaré d'un frère et de tous ceux de notre suite; et comme je cherchois à les rejoindre, j'ai fait rencontre de ces voleurs, qui d'abord ont tué mon cheval, et qui, sans votre valeur, en auroient fait autant de moi.

DON JUAN.

Votre dessein étoit-il d'aller du côté de la ville?

DON CARLOS.

Oui; mais sans y vouloir entrer; et nous nous voyons obligés, mon frère et moi, à tenir la campagne pour une de ces fâcheuses affaires qui réduisent les gentilshommes à se sacrifier, eux et leur famille, à la sévérité de leur honneur, puisque enfin le plus doux succès en est toujours funeste, et que, si l'on ne quitte pas la vie, on est contraint de quitter le royaume; et c'est en quoi je trouve la condition d'un gentilhomme malheureuse, de ne pouvoir point s'assurer sur toute la prudence et toute l'honnêteté de sa conduite, d'être asservi par les lois de l'honneur au déréglement de la conduite d'autrui, et de voir sa vie, son repos et ses biens, dépendre de la fantaisie du premier téméraire qui s'avisera de lui faire une de ces injures pour qui un honnête homme doit périr.

DON JUAN.

On a cet avantage, qu'on fait courir le même risque et passer aussi mal le temps à ceux qui prennent fantaisie de nous venir faire une offense de gaîté de cœur. Mais ne seroit-ce point une indiscrétion que de vous demander quelle peut être votre affaire?

DON CARLOS.

La chose en est aux termes de n'en plus faire de secret; et, lorsque l'injure a une fois éclaté, notre honneur ne va point à vouloir cacher notre honte, mais à faire éclater notre vengeance, et à publier même le dessein que nous en avons. Ainsi, monsieur, je ne feindrai point de vous dire que l'offense que nous cherchons à venger est une sœur séduite et enlevée d'un couvent, et que l'auteur de cette offense est un don Juan Tenorio, fils de don Louis Tenorio. Nous le cherchons depuis quelques jours, et nous l'avons suivi ce matin, sur le rapport d'un valet qui nous a dit qu'il sortoit à cheval, accompagné de quatre ou cinq, et qu'il avoit pris le long de cette côte; mais tous nos soins ont été inutiles, et nous n'avons pu découvrir ce qu'il est devenu.

DON JUAN.

Le connoissez-vous, monsieur, ce don Juan dont vous parlez?

DON CARLOS.

Non, quant à moi. Je ne l'ai jamais vu, et je l'ai seulement ouï dépeindre à mon frère : mais la renommée n'en dit pas force bien, et c'est un homme dont la vie...

DON JUAN.

Arrêtez, monsieur, s'il vous plaît; il est un peu de mes amis, et ce seroit à moi une espèce de lâcheté que d'en ouïr dire du mal.

DON CARLOS.

Pour l'amour de vous, monsieur, je n'en dirai rien du tout. C'est bien la moindre chose que je vous doive, après m'avoir sauvé la vie, que de me taire devant vous d'une personne que vous connoissez, lorsque je ne puis en parler sans en dire du mal : mais, quelque ami que vous lui soyez, j'ose espérer que vous n'approuverez pas son action, et ne trouverez pas étrange que nous cherchions d'en prendre vengeance.

DON JUAN.

Au contraire, je vous y veux servir, et vous épargner des soins inutiles. Je suis ami de don Juan, je ne puis pas m'en empêcher; mais il n'est pas raisonnable qu'il offense impunément des gentilshommes, et je m'engage à vous faire faire raison par lui.

DON CARLOS.

Et quelle raison peut-on faire à ces sortes d'injures?

##### DON JUAN.

Toute celle que votre honneur peut souhaiter; et, sans vous donner la peine de chercher don Juan davantage, je m'oblige à le faire trouver au lieu que vous voudrez, et quand il vous plaira.

##### DON CARLOS.

Cet espoir est bien doux, monsieur, à des cœurs offensés; mais, après ce que je vous dois, ce me seroit une trop sensible douleur que vous fussiez de la partie.

##### DON JUAN.

Je suis si attaché à don Juan, qu'il ne sauroit se battre que je ne me batte aussi. Mais enfin j'en réponds comme de moi-même, et vous n'avez qu'à dire quand vous voulez qu'il paroisse et vous donne satisfaction.

##### DON CARLOS.

Que ma destinée est cruelle! Faut-il que je vous doive la vie, et que don Juan soit de vos amis?

## SCÈNE VI.

#### DON ALONSE, DON CARLOS, DON JUAN, SGANARELLE.

##### DON ALONSE, parlant à ceux de sa suite, sans voir don Carlos ni don Juan.

Faites boire là mes chevaux, et qu'on les amène après nous; je veux un peu marcher à pied. (*Les apercevant tous deux.*) O ciel! que vois-je ici! Quoi! mon frère, vous voilà avec notre ennemi mortel!

DON CARLOS.

Notre ennemi mortel!

DON JUAN, *mettant la main sur la garde de son épée.*

Oui, je suis don Juan; et l'avantage du nombre ne m'obligera pas à vouloir déguiser mon nom.

DON ALONSE, *mettant l'épée à la main.*

Ah! traître, il faut que tu périsses, et...

(*Sganarelle court se cacher.*)

DON CARLOS.

Ah! mon frère, arrêtez : je lui suis redevable de la vie; et, sans le secours de son bras, j'aurois été tué par des voleurs que j'ai trouvés.

DON ALONSE.

Et voulez-vous que cette considération empêche notre vengeance? Tous les services que nous rend une main ennemie ne sont d'aucun mérite pour engager notre ame; et, s'il faut mesurer l'obligation à l'injure, votre reconnoissance, mon frère, est ici ridicule; et, comme l'honneur est infiniment plus précieux que la vie, c'est ne devoir rien proprement que d'être redevable de la vie à qui nous a ôté l'honneur.

DON CARLOS.

Je sais la différence, mon frère, qu'un gentilhomme doit toujours mettre entre l'un et l'autre; et la reconnoissance de l'obligation n'efface point en moi le ressentiment de l'injure : mais souffrez que je lui rende ici ce qu'il m'a prêté, que je m'acquitte sur-le-champ de la vie que je lui dois, par un délai de notre vengeance, et lui laisse la liberté de jouir durant quelques jours du fruit de son bienfait.

DON ALONSE.

Non, non; c'est hasarder notre vengeance que de la reculer, et l'occasion de la prendre peut ne plus revenir: le ciel nous l'offre ici; c'est à nous d'en profiter. Lorsque l'honneur est blessé mortellement, on ne doit point songer à garder aucunes mesures; et, si vous répugnez à prêter votre bras à cette action, vous n'avez qu'à vous retirer, et laisser à ma main la gloire d'un tel sacrifice.

DON CARLOS.

De grace! mon frère...

DON ALONSE.

Tous ces discours sont superflus; il faut qu'il meure.

DON CARLOS.

Arrêtez-vous, vous dis-je, mon frère; je ne souffrirai point du tout qu'on attaque ses jours; et je jure par le ciel que je le défendrai ici contre qui que ce soit, et je saurai lui faire un rempart de cette même vie qu'il a sauvée; et, pour adresser vos coups, il faudra que vous me perciez.

DON ALONSE.

Quoi! vous prenez le parti de notre ennemi contre moi! et, loin d'être saisi à son aspect des mêmes transports que je sens, vous faites voir pour lui des sentiments pleins de douceur!

DON CARLOS.

Mon frère, montrons de la modération dans une action légitime, et ne vengeons point notre honneur avec cet emportement que vous témoignez. Ayons un cœur dont nous soyons les maîtres, une valeur qui n'ait rien de farouche, et qui se porte aux choses par une pure délibération de notre raison, et non point par le mouvement d'une aveugle colère. Je ne veux point, mon frère, demeurer redevable à mon ennemi, et je lui ai une obligation dont il faut que je m'acquitte avant toutes choses. Notre vengeance, pour être différée, n'en sera pas moins éclatante : au contraire, elle en tirera de l'avantage ; et cette occasion de l'avoir pu prendre la fera paroître plus juste aux yeux de tout le monde.

DON ALONSE.

O l'étrange foiblesse, et l'aveuglement effroyable, de hasarder ainsi les intérêts de son honneur pour la ridicule pensée d'une obligation chimérique !

DON CARLOS.

Non, mon frère, ne vous mettez pas en peine. Si je fais une faute, je saurai bien la réparer, et je me charge de tout le soin de notre honneur : je sais à quoi il nous oblige ; et cette suspension d'un jour que ma reconnoissance lui demande ne fera qu'augmenter l'ardeur que j'ai de le satisfaire. Don Juan, vous voyez que j'ai soin de vous rendre le bien que j'ai reçu de vous ; et vous devez par là juger du reste, croire que je m'acquitte avec même chaleur de ce que je dois ! et que je ne serai pas moins exact à vous payer l'injure que le bienfait. Je ne veux point vous obliger ici à expliquer vos sentiments, et je vous donne la liberté de penser à loisir aux résolutions que vous avez à prendre. Vous connoissez assez la grandeur de l'offense que vous nous avez faite, et je vous fais juge vous-même des réparations qu'elle demande. Il est des moyens doux pour nous satisfaire ; il en est de violents et de sanglants : mais enfin, quelque choix que vous fassiez, vous m'avez donné parole de me faire faire raison par don Juan; songez à me la faire, je vous prie, et vous ressouvenez que, hors d'ici, je ne dois plus qu'à mon honneur.

DON JUAN.

Je n'ai rien exigé de vous, et vous tiendrai ce que j'ai promis.

DON CARLOS.

Allons, mon frère; un moment de douceur ne fait aucune injure à la sévérité de notre devoir.

## SCÈNE VII.

### DON JUAN, SGANARELLE.

DON JUAN.

Holà! hé! Sganarelle.

SGANARELLE, *sortant de l'endroit où il étoit caché.*

Plaît-il?

DON JUAN.

Comment! coquin, tu fuis quand on m'attaque!

SGANARELLE.

Pardonnez-moi, monsieur, je viens seulement d'ici près. Je crois que cet habit est purgatif, et que c'est prendre médecine que de le porter.

DON JUAN.

Peste soit l'insolent! Couvre au moins ta poltronnerie d'un voile plus honnête. Sais-tu bien qui est celui à qui j'ai sauvé la vie.

SGANARELLE.

Moi? non.

## ACTE III, SCÈNE VII.

DON JUAN.

C'est un frère d'Elvire.

SGANARELLE.

Un...

DON JUAN.

Il est assez honnête homme; il en a bien usé; et j'ai regret d'avoir démêlé avec lui.

SGANARELLE.

Il vous seroit aisé de pacifier toutes choses.

DON JUAN.

Oui; mais ma passion est usée pour done Elvire, et l'engagement ne compatit point avec mon humeur. J'aime la liberté en amour, tu le sais; et je ne saurois me résoudre à renfermer mon cœur entre quatre murailles. Je te l'ai dit vingt fois; j'ai une pente naturelle à me laisser aller à tout ce qui m'attire. Mon cœur est à toutes les belles; et c'est à elles à le prendre tour à tour, et à le garder tant qu'elles le pourront. Mais quel est le superbe édifice que je vois entre ces arbres?

SGANARELLE.

Vous ne le savez pas?

DON JUAN.

Non, vraiment.

SGANARELLE.

Bon! c'est le tombeau que le commandeur faisoit faire, lorsque vous le tuâtes.

DON JUAN.

Ah! tu as raison. Je ne savois pas que c'étoit de ce côté-ci qu'il étoit. Tout le monde m'a dit des merveilles de cet ouvrage, aussi-bien que de la statue du commandeur; et j'ai envie de l'aller voir.

SGANARELLE.

Monsieur, n'allez point là.

DON JUAN.

Pourquoi?

SGANARELLE.

Cela n'est pas civil d'aller voir un homme que vous avez tué.

DON JUAN.

Au contraire, c'est une visite dont je lui veux faire civilité, et qu'il doit recevoir de bonne grace, s'il est galant homme. Allons, entrons dedans.

(Le tombeau s'ouvre, et l'on voit la statue du commandeur.)

SGANARELLE.

Ah! que cela est beau! Les belles statues! le beau marbre! les beaux piliers! Ah! que cela est beau! Qu'en dites-vous, monsieur?

DON JUAN.

Qu'on ne peut voir aller plus loin l'ambition d'un homme mort; et ce que je trouve admirable, c'est qu'un homme qui s'est passé durant sa vie d'une assez simple demeure, en veuille avoir une si magnifique pour quand il n'en a plus que faire.

SGANARELLE.

Voici la statue du commandeur.

DON JUAN.

Parbleu! le voilà bon avec son habit d'empereur romain!

SGANARELLE.

Ma foi, monsieur, voilà qui est bien fait. Il semble

## ACTE III, SCÈNE VII.

qu'il est en vie, et qu'il s'en va parler. Il jette des regards sur nous qui me feroient peur, si j'étois tout seul; et je pense qu'il ne prend pas plaisir de nous voir.

DON JUAN.

Il auroit tort, et ce seroit mal recevoir l'honneur que je lui fais. Demande-lui s'il veut venir souper avec moi.

SGANARELLE.

C'est une chose dont il n'a pas besoin, je crois.

DON JUAN.

Demande-lui, te dis-je.

SGANARELLE.

Vous moquez-vous? Ce seroit être fou que d'aller parler à une statue.

DON JUAN.

Fais ce que je te dis.

SGANARELLE.

Quelle bizarrerie! Seigneur commandeur... (A part.) Je ris de ma sottise; mais c'est mon maître qui me la fait faire. (Haut.) Seigneur commandeur, mon maître don Juan vous demande si vous voulez lui faire l'honneur de venir souper avec lui. (La statue baisse la tête.) Ah!

DON JUAN.

Qu'est-ce? Qu'as-tu? Dis donc? Veux-tu parler?

SGANARELLE, baissant la tête comme la statue.

La statue...

DON JUAN.

Hé bien! que veux-tu dire, traître?

SGANARELLE.

Je vous dis que la statue...

DON JUAN.

Hé bien! la statue? Je t'assomme, si tu ne parles.

SGANARELLE.

La statue m'a fait signe.

DON JUAN.

La peste le coquin!

SGANARELLE.

Elle m'a fait signe, vous dis-je; il n'est rien de plus vrai. Allez-vous-en lui parler vous-même pour voir. Peut-être...

DON JUAN.

Viens, maraud, viens. Je te veux bien faire toucher au doigt ta poltronnerie : prends garde. Le seigneur commandeur voudroit-il venir souper avec moi?

(La statue baisse encore la tête.)

SGANARELLE.

Je ne voudrois pas en tenir dix pistoles. Hé bien! monsieur?

DON JUAN.

Allons, sortons d'ici.

SGANARELLE, seul.

Voilà de mes esprits forts qui ne veulent rien croire!

FIN DU TROISIÈME ACTE.

# ACTE QUATRIÈME.

## SCÈNE I.

DON JUAN, SGANARELLE, RAGOTIN.

DON JUAN, à Sganarelle.

Quoi qu'il en soit, laissons cela : c'est une bagatelle ; et nous pouvons avoir été trompés par un faux jour, ou surpris de quelque vapeur qui nous ait troublé la vue.

SGANARELLE.

Hé ! monsieur, ne cherchez point à démentir ce que nous avons vu des yeux que voilà. Il n'est rien de plus véritable que ce signe de tête ; et je ne doute point que le ciel, scandalisé de votre vie, n'ait produit ce miracle pour vous convaincre, et pour vous retirer de...

DON JUAN.

Écoute. Si tu m'importunes davantage de tes sottes moralités ; si tu me dis encore le moindre mot là-dessus, je vais appeler quelqu'un, demander un nerf de bœuf, te faire tenir par trois ou quatre, et te rouer de mille coups. M'entends-tu bien ?

SGANARELLE.

Fort bien, monsieur, le mieux du monde. Vous vous expliquez clairement ; c'est ce qu'il y a de bon en vous, que vous n'allez point chercher de détours : vous dites les choses avec une netteté admirable.

##### DON JUAN.

Allons, qu'on me fasse souper le plus tôt que l'on pourra. Une chaise, petit garçon.

## SCÈNE II.

#### DON JUAN, SGANARELLE, LA VIOLETTE, RAGOTIN.

##### LA VIOLETTE.

Monsieur, voilà votre marchand, monsieur Dimanche, qui demande à vous parler.

##### SGANARELLE.

Bon! voilà ce qu'il nous faut, qu'un compliment de créancier! De quoi s'avise-t-il de nous venir demander de l'argent? Et que ne lui disois-tu pas que monsieur n'y est pas?

##### LA VIOLETTE.

Il y a trois quarts-d'heure que je le lui dis; mais il ne veut pas le croire, et s'est assis là-dedans pour attendre.

##### SGANARELLE.

Qu'il attende tant qu'il voudra.

##### DON JUAN.

Non; au contraire, faites-le entrer. C'est une fort mauvaise politique que de se faire celer aux créanciers. Il est bon de les payer de quelque chose; et j'ai le secret de les renvoyer satisfaits, sans leur donner un double.

## SCÈNE III.

### DON JUAN, M. DIMANCHE, SGANARELLE, LA VIOLETTE, RAGOTIN.

DON JUAN.

Ah! monsieur Dimanche, approchez. Que je suis ravi de vous voir! et que je veux de mal à mes gens de ne vous pas faire entrer d'abord! J'avois donné ordre qu'on ne me fît parler à personne : mais cet ordre n'est pas pour vous, et vous êtes en droit de ne trouver jamais de porte fermée chez moi.

M. DIMANCHE.

Monsieur, je vous suis fort obligé.

DON JUAN, parlant à la Violette et à Ragotin.

Parbleu! coquins, je vous apprendrai à laisser monsieur Dimanche dans une antichambre, et je vous ferai connoître les gens.

M. DIMANCHE.

Monsieur, cela n'est rien.

DON JUAN, à M. Dimanche.

Comment! vous dire que je n'y suis pas, à monsieur Dimanche, au meilleur de mes amis!

M. DIMANCHE.

Monsieur, je suis votre serviteur. J'étois venu...

DON JUAN.

Allons vite, un siége pour monsieur Dimanche.

M. DIMANCHE.

Monsieur, je suis bien comme cela.

##### DON JUAN.

Point, point; je veux que vous soyez assis comme moi.

##### M. DIMANCHE.

Cela n'est pas nécessaire.

##### DON JUAN.

Otez ce pliant, et apportez un fauteuil.

##### M. DIMANCHE.

Monsieur, vous vous moquez, et...

##### DON JUAN.

Non, non : je sais ce que je vous dois; et je ne veux point qu'on mette de différence entre nous deux.

##### M. DIMANCHE.

Monsieur...

##### DON JUAN.

Allons, asseyez-vous.

##### M. DIMANCHE.

Il n'est pas besoin, monsieur, et je n'ai qu'un mot à vous dire. J'étois...

##### DON JUAN.

Mettez-vous là, vous dis-je.

##### M. DIMANCHE.

Non, monsieur, je suis bien. Je viens pour...

##### DON JUAN.

Non, je ne vous écoute point, si vous n'êtes point assis.

##### M. DIMANCHE.

Monsieur, je fais ce que vous voulez. Je...

##### DON JUAN.

Parbleu! monsieur Dimanche, vous vous portez bien.

## ACTE IV, SCÈNE III.

M. DIMANCHE.

Oui, monsieur, pour vous rendre service. Je suis venu...

DON JUAN.

Vous avez un fonds de santé admirable, des lèvres fraîches, un teint vermeil, et des yeux vifs.

M. DIMANCHE.

Je voudrois bien...

DON JUAN.

Comment se porte madame Dimanche votre épouse?

M. DIMANCHE.

Fort bien, monsieur, Dieu merci.

DON JUAN.

C'est une brave femme.

M. DIMANCHE.

Elle est votre servante, monsieur. Je venois...

DON JUAN.

Et votre petite fille Claudine, comment se porte-t-elle?

M. DIMANCHE.

Le mieux du monde.

DON JUAN.

La jolie petite fille que c'est! Je l'aime de tout mon cœur.

M. DIMANCHE.

C'est trop d'honneur que vous lui faites, monsieur. Je vous...

DON JUAN.

Et le petit Colin, fait-il toujours bien du bruit avec son tambour?

M. DIMANCHE.

Toujours de même, monsieur. Je...

DON JUAN.

Et votre petit chien Brusquet, gronde-t-il toujours aussi fort, et mord-il toujours bien aux jambes les gens qui vont chez vous?

M. DIMANCHE.

Plus que jamais, monsieur, et nous ne saurions en chevir.[1]

DON JUAN.

Ne vous étonnez pas si je m'informe des nouvelles de toute la famille, car j'y prends beaucoup d'intérêt.

M. DIMANCHE.

Nous vous sommes, monsieur, infiniment obligés. Je...

DON JUAN, lui tendant la main.

Touchez donc là, monsieur Dimanche. Êtes-vous bien de mes amis?

M. DIMANCHE.

Monsieur, je suis votre serviteur.

DON JUAN.

Parbleu! je suis à vous de tout mon cœur.

M. DIMANCHE.

Vous m'honorez trop. Je...

DON JUAN.

Il n'y a rien que je ne fisse pour vous.

M. DIMANCHE.

Monsieur, vous avez trop de bonté pour moi.

DON JUAN.

Et cela sans intérêt, je vous prie de le croire.

---

[1] *Chevir*, vieux mot qui signifie *sortir d'affaire*, *venir à bout*.

## ACTE IV, SCÈNE III.

M. DIMANCHE.

Je n'ai point mérité cette grace, assurément. Mais, monsieur...

DON JUAN.

Or ça, monsieur Dimanche, sans façon, voulez-vous souper avec moi?

M. DIMANCHE.

Non, monsieur, il faut que je m'en retourne tout à l'heure. Je...

DON JUAN, se levant.

Allons vite, un flambeau pour conduire monsieur Dimanche; et que quatre ou cinq de mes gens prennent des mousquetons pour l'escorter.

M. DIMANCHE, se levant aussi.

Monsieur, il n'est pas nécessaire, et je m'en irai bien tout seul. Mais....

( Sganarelle ôte les siéges promptement. )

DON JUAN.

Comment! je veux qu'on vous escorte, et je m'intéresse trop à votre personne. Je suis votre serviteur, et, de plus, votre débiteur.

M. DIMANCHE.

Ah! monsieur...

DON JUAN.

C'est une chose que je ne cache pas, et je le dis à tout le monde.

M. DIMANCHE.

Si...

DON JUAN.

Voulez-vous que je vous reconduise?

M. DIMANCHE.

Ah! monsieur, vous vous moquez. Monsieur...

DON JUAN.

Embrassez-moi donc, s'il vous plaît. Je vous prie, encore une fois, d'être persuadé que je suis tout à vous, et qu'il n'y a rien au monde que je ne fisse pour votre service. (Il sort.)

## SCÈNE IV.

### M. DIMANCHE, SGANARELLE.

SGANARELLE.

Il faut avouer que vous avez en monsieur un homme qui vous aime bien.

M. DIMANCHE.

Il est vrai, il me fait tant de civilités et tant de compliments, que je ne saurois jamais lui demander de l'argent.

SGANARELLE.

Je vous assure que toute sa maison périroit pour vous, et je voudrois qu'il vous arrivât quelque chose, que quelqu'un s'avisât de vous donner des coups de bâton; vous verriez de quelle manière...

M. DIMANCHE.

Je le crois. Mais, Sganarelle, je vous prie de lui dire un petit mot de mon argent.

SGANARELLE.

Oh! ne vous mettez pas en peine, il vous paiera le mieux du monde.

## ACTE IV, SCÈNE IV.

M. DIMANCHE.

Mais vous, Sganarelle, vous me devez quelque chose en votre particulier.

SGANARELLE.

Fi! ne parlez pas de cela.

M. DIMANCHE.

Comment! je...

SGANARELLE.

Ne sais-je pas bien que je vous dois?

M. DIMANCHE.

Oui. Mais...

SGANARELLE.

Allons, monsieur Dimanche, je vais vous éclairer.

M. DIMANCHE.

Mais mon argent?

SGANARELLE, prenant M. Dimanche par le bras.

Vous moquez-vous?

M. DIMANCHE.

Je veux...

SGANARELLE, le tirant.

Hé!

M. DIMANCHE.

J'entends.

SGANARELLE, le poussant vers la porte.

Bagatelle!

M. DIMANCHE.

Mais...

SGANARELLE, le poussant encore.

Fi!

M. DIMANCHE.

Je...

SGANARELLE, le poussant tout-à-fait hors du théâtre. Fi! vous dis-je.

## SCÈNE V.

### DON JUAN, LA VIOLETTE, SGANARELLE.

LA VIOLETTE, à don Juan.
Monsieur, voilà monsieur votre père.

DON JUAN.
Ah! me voici bien! Il me falloit cette visite pour me faire enrager.

## SCÈNE VI.

### DON LOUIS, DON JUAN, SGANARELLE.

DON LOUIS.
Je vois bien que je vous embarrasse, et que vous vous passeriez fort aisément de ma venue. A dire vrai, nous nous incommodons étrangement l'un l'autre : si vous êtes las de me voir, je suis bien las de vos déportements. Hélas! que nous savons peu ce que nous faisons, quand nous ne laissons pas au ciel le soin des choses qu'il nous faut, quand nous voulons être plus avisés que lui, et que nous venons l'importuner par nos souhaits aveugles et nos demandes inconsidérées! J'ai souhaité un fils avec des ardeurs non-pareilles, je l'ai demandé sans relâche avec des transports incroyables; et ce fils que j'obtiens en fatiguant le ciel de vœux, est le chagrin et le supplice

de cette vie même dont je croyois qu'il devoit être la joie et la consolation. De quel œil, à votre avis, pensez-vous que je puisse voir cet amas d'actions indignes dont on a peine, aux yeux du monde, d'adoucir le mauvais visage, cette suite continuelle de méchantes affaires qui nous réduisent, à toute heure, à lasser les bontés du souverain, et qui ont épuisé auprès de lui le mérite de mes services et le crédit de mes amis? Ah! quelle bassesse est la vôtre! Ne rougissez-vous point de mériter si peu votre naissance? Êtes-vous en droit, dites-moi, d'en tirer quelque vanité? et qu'avez-vous fait dans le monde pour être gentilhomme? Croyez-vous qu'il suffise d'en porter le nom et les armes, et que ce nous soit une gloire d'être sortis d'un sang noble, lorsque nous vivons en infames? Non, non, la naissance n'est rien où la vertu n'est pas. Aussi nous n'avons part à la gloire de nos ancêtres qu'autant que nous nous efforçons de leur ressembler; et cet éclat de leurs actions qu'ils répandent sur nous, nous impose un engagement de leur faire le même honneur, de suivre les pas qu'ils nous tracent, et de ne point dégénérer de leur vertu, si nous voulons être estimés leurs véritables descendants. Ainsi vous descendez en vain des aïeux dont vous êtes né; ils vous désavouent pour leur sang; et tout ce qu'ils ont fait d'illustre ne vous donne aucun avantage : au contraire, l'éclat n'en rejaillit sur vous qu'à votre déshonneur, et leur gloire est un flambeau qui éclaire aux yeux d'un chacun la honte de vos actions. Apprenez enfin qu'un gentilhomme qui vit mal est un monstre dans la nature; que la vertu est le premier titre de noblesse; que je regarde bien moins au nom qu'on signe qu'aux actions qu'on fait; et que je ferois plus d'état du fils d'un crocheteur qui seroit honnête homme, que du fils d'un monarque qui vivroit comme vous.

DON JUAN.

Monsieur, si vous étiez assis, vous en seriez mieux pour parler.

DON LOUIS.

Non, insolent, je ne veux point m'asseoir, ni parler davantage; et je vois bien que toutes mes paroles ne font rien sur ton ame: mais sache, fils indigne, que la tendresse paternelle est poussée à bout par tes actions; que je saurai, plus tôt que tu ne penses, mettre une borne à tes déréglements, prévenir sur toi le courroux du ciel, et laver, par ta punition, la honte de t'avoir fait naître.

## SCÈNE VII.

### DON JUAN, SGANARELLE.

DON JUAN, *adressant encore la parole à son père, quoiqu'il soit sorti.*

Hé! mourez le plus tôt que vous pourrez, c'est le mieux que vous puissiez faire. Il faut que chacun ait son tour, et j'enrage de voir des pères qui vivent autant que leurs fils.

(*Il se met dans un fauteuil.*)

SGANARELLE.

Ah! monsieur, vous avez tort.

DON JUAN, se levant.

J'ai tort!

SGANARELLE, tremblant,

Monsieur!

DON JUAN.

J'ai tort!

SGANARELLE.

Oui, monsieur, vous avez tort d'avoir souffert ce qu'il vous a dit, et vous le deviez mettre dehors par les épaules. A-t-on jamais rien vu de plus impertinent? un père venir faire des remontrances à son fils, et lui dire de corriger ses actions, de se ressouvenir de sa naissance, de mener une vie d'honnête homme, et cent autres sottises de pareille nature! Cela se peut-il souffrir à un homme comme vous, qui savez comme il faut vivre? J'admire votre patience; et, si j'avois été en votre place, je l'aurois envoyé promener. ( Bas, à part. ) O complaisance maudite! à quoi me réduis-tu?

DON JUAN.

Me fera-t-on souper bientôt?

# SCÈNE VIII.

DON JUAN, SGANARELLE, RAGOTIN.

RAGOTIN.

Monsieur, voici une dame voilée qui vient vous parler.

DON JUAN.

Que pourroit-ce être?

SGANARELLE.

Il faut voir.

## SCÈNE IX.

DONE ELVIRE, voilée; DON JUAN, SGANARELLE.

DONE ELVIRE.

Ne soyez point surpris, don Juan, de me voir à cette heure et dans cet équipage. C'est un motif pressant qui m'oblige à cette visite; et ce que j'ai à vous dire ne veut point du tout de retardement. Je ne viens point ici pleine de ce courroux que j'ai tantôt fait éclater, et vous me voyez bien changée de ce que j'étois ce matin. Ce n'est plus cette done Elvire qui faisoit des vœux contre vous, et dont l'ame irritée ne jetoit que menaces et ne respiroit que vengeance. Le ciel a banni de mon ame toutes ces indignes ardeurs que je sentois pour vous, tous ces transports tumultueux d'un attachement criminel, tous ces honteux emportements d'un amour terrestre et grossier, et il n'a laissé dans mon cœur pour vous qu'une flamme épurée de tout le commerce des sens, une tendresse toute sainte, un amour détaché de tout, qui n'agit point pour soi, et ne se met en peine que de votre intérêt.

DON JUAN, bas, à Sganarelle.

Tu pleures, je pense?

SGANARELLE.

Pardonnez-moi.

DONE ELVIRE.

C'est ce parfait et pur amour qui me conduit ici pour

votre bien, pour vous faire part d'un avis du ciel, et tâcher de vous retirer du précipice où vous courez. Oui, don Juan, je sais tous les déréglements de votre vie; et ce même ciel, qui m'a touché le cœur et fait jeter les yeux sur les égarements de ma conduite, m'a inspiré de vous venir trouver, et vous dire de sa part que vos offenses ont épuisé sa miséricorde, que sa colère redoutable est près de tomber sur vous, qu'il est en vous de l'éviter par un prompt repentir, et que peut-être vous n'avez pas encore un jour à vous pouvoir soustraire au plus grand de tous les malheurs. Pour moi, je ne tiens plus à vous par aucun attachement du monde. Je suis revenue, graces au ciel, de toutes mes folles pensées; ma retraite est résolue, et je ne demande qu'assez de vie pour pouvoir expier la faute que j'ai faite, et mériter par une austère pénitence le pardon de l'aveuglement où m'ont plongée les transports d'une passion condamnable. Mais, dans cette retraite, j'aurois une douleur extrême qu'une personne que j'ai chérie tendrement devînt un exemple funeste de la justice du ciel; et ce me sera une joie incroyable, si je puis vous porter à détourner de dessus votre tête l'épouvantable coup qui vous menace. De grace, don Juan, accordez-moi, pour dernière faveur, cette douce consolation; ne me refusez point votre salut, que je vous demande avec larmes; et si vous n'êtes point touché de votre intérêt, soyez-le au moins de mes prières, et m'épargnez le cruel déplaisir de vous voir condamner à des supplices éternels.

SGANARELLE, à part.

Pauvre femme!

###### DONE ELVIRE.

Je vous ai aimé avec une tendresse extrême; rien au monde ne m'a été si cher que vous : j'ai oublié mon devoir pour vous, j'ai fait toutes choses pour vous; et toute la récompense que je vous en demande, c'est de corriger votre vie, et de prévenir votre perte. Sauvez-vous, je vous prie, ou pour l'amour de vous, ou pour l'amour de moi. Encore une fois, don Juan, je vous le demande avec larmes; et si ce n'est assez des larmes d'une personne que vous avez aimée, je vous en conjure par tout ce qui est le plus capable de vous toucher.

###### SGANARELLE, à part, regardant don Juan.

Cœur de tigre!

###### DONE ELVIRE.

Je m'en vais après ce discours; et voilà tout ce que j'avois à vous dire.

###### DON JUAN.

Madame, il est tard; demeurez ici : ou vous y logera le mieux qu'on pourra.

###### DONE ELVIRE.

Non, don Juan, ne me retenez pas davantage.

###### DON JUAN.

Madame, vous me ferez plaisir de demeurer, je vous assure.

###### DONE ELVIRE.

Non, vous dis-je; ne perdons point de temps en discours superflus. Laissez-moi vite aller, ne faites aucune instance pour me conduire, et songez seulement à profiter de mon avis.

## SCÈNE X.

### DON JUAN, SGANARELLE.

#### DON JUAN.

Sais-tu bien que j'ai encore senti quelque peu d'émotion pour elle, que j'ai trouvé de l'agrément dans cette nouveauté bizarre, et que son habit négligé, son air languissant, et ses larmes, ont réveillé en moi quelques petits restes d'un feu éteint?

#### SGANARELLE.

C'est-à-dire que ses paroles n'ont fait aucun effet sur vous?

#### DON JUAN.

Vite, à souper.

#### SGANARELLE.

Fort bien.

## SCÈNE XI.

### DON JUAN, SGANARELLE, LA VIOLETTE, RAGOTIN.

#### DON JUAN, se mettant à table.

Sganarelle, il faut songer à s'amender pourtant.

#### SGANARELLE.

Oui-dà.

#### DON JUAN.

Oui, ma foi, il faut s'amender. Encore vingt ou trente ans de cette vie-ci, et puis nous songerons à nous.

#### SGANARELLE.

Oh!

#### DON JUAN.

Qu'en dis-tu?

#### SGANARELLE.

Rien. Voilà le souper.

(Il prend un morceau d'un des plats qu'on apporte, et le met dans sa bouche.)

#### DON JUAN.

Il me semble que tu as la joue enflée; qu'est-ce que c'est? Parle donc : qu'as-tu là?

#### SGANARELLE.

Rien.

#### DON JUAN.

Montre un peu. Parbleu! c'est une fluxion qui lui est tombée sur la joue. Vite, une lancette pour percer cela. Le pauvre garçon n'en peut plus, et cet abcès le pourroit étouffer. Attends. Voyez comme il étoit mûr. Ah! coquin que vous êtes!...

#### SGANARELLE.

Ma foi, monsieur, je voulois voir si votre cuisinier n'avoit point mis trop de sel ou trop de poivre.

#### DON JUAN.

Allons, mets-toi là, et mange. J'ai à faire de toi quand j'aurai soupé. Tu as faim, à ce que je vois.

#### SGANARELLE, se mettant à table.

Je le crois bien, monsieur, je n'ai point mangé depuis ce matin. Tâtez de cela; voilà qui est le meilleur du monde. (A Ragotin, qui, à mesure que Sganarelle met quelque chose sur son assiette, la lui ôte dès que Sganarelle tourne la tête.)

## ACTE IV, SCÈNE XI.

Mon assiette! Tout doux, s'il vous plaît. Vertubleu! petit compère, que vous êtes habile à donner des assiettes nettes! Et vous, petit la Violette, que vous savez présenter à boire à propos!

(Pendant que la Violette donne à boire à Sganarelle, Ragotin ôte encore son assiette.)

DON JUAN.

Qui peut frapper de cette sorte?

SGANARELLE.

Qui diable nous vient troubler dans notre repas?

DON JUAN.

Je veux souper en repos au moins, et qu'on ne laisse entrer personne.

SGANARELLE.

Laissez-moi faire; je m'y en vais moi-même.

DON JUAN, voyant revenir Sganarelle effrayé.

Qu'est-ce donc? Qu'y a-t-il?

SGANARELLE, baissant la tête comme la statue.

Le... qui est là.

DON JUAN.

Allons voir, et montrons que rien ne me sauroit ébranler.

SGANARELLE.

Ah! pauvre Sganarelle, où te cacheras-tu?

## SCÈNE XII.

DON JUAN, LA STATUE DU COMMANDEUR, SGANARELLE, LA VIOLETTE, RAGOTIN.

DON JUAN, à ses gens.

Une chaise et un couvert. Vite donc.

(Don Juan et la statue se mettent à table.)

(A Sganarelle.) Allons, mets-toi à table.

SGANARELLE.

Monsieur, je n'ai plus faim.

DON JUAN.

Mets-toi là, te dis-je. A boire. A la santé du commandeur. Je te la porte, Sganarelle. Qu'on lui donne du vin.

SGANARELLE.

Monsieur, je n'ai pas soif.

DON JUAN.

Bois, et chante ta chanson pour régaler le commandeur.

SGANARELLE.

Je suis enrhumé, monsieur.

DON JUAN.

Il n'importe. Allons. (A ses gens.) Vous autres, venez; accompagnez sa voix.

LA STATUE.

Don Juan, c'est assez. Je vous invite à venir demain souper avec moi. En aurez-vous le courage?

DON JUAN.

Oui, j'irai accompagné du seul Sganarelle.

## ACTE IV, SCÈNE XII.

SGANARELLE.

Je vous rends grace; il est demain jeûne pour moi.

DON JUAN, à Sganarelle.

Prends ce flambeau.

LA STATUE.

On n'a pas besoin de lumière, quand on est conduit par le ciel.

FIN DU QUATRIÈME ACTE.

# ACTE CINQUIÈME.

## SCÈNE I.

DON LOUIS, DON JUAN, SGANARELLE.

DON LOUIS.

Quoi! mon fils, seroit-il possible que la bonté du ciel eût exaucé mes vœux? Ce que vous me dites est-il bien vrai? Ne m'abusez-vous point d'un faux espoir? et puis-je prendre quelque assurance sur la nouveauté surprenante d'une telle conversion?

DON JUAN.

Oui, vous me voyez revenu de toutes mes erreurs; je ne suis plus le même d'hier au soir, et le ciel tout d'un coup a fait en moi un changement qui va surprendre tout le monde. Il a touché mon ame et dessillé mes yeux; et je regarde avec horreur le long aveuglement où j'ai été, et les désordres criminels de la vie que j'ai menée. J'en repasse dans mon esprit toutes les abominations, et m'étonne comme le ciel les a pu souffrir si long-temps, et n'a pas vingt fois sur ma tête laissé tomber les coups de sa justice redoutable. Je vois les graces que sa bonté m'a faites, en ne me punissant point de mes crimes; et je prétends en profiter comme je dois, faire éclater aux yeux du monde un soudain changement de vie, réparer par-là le scandale de mes actions passées, et m'efforcer d'en obtenir du ciel une pleine rémission. C'est à quoi je vais travailler; et je vous prie, monsieur, de vouloir bien contribuer à ce dessein, et m'aider vous-même à faire choix d'une personne qui me serve de guide, et sous la conduite de qui je puisse marcher sûrement dans le chemin où je m'en vais entrer.

### DON LOUIS.

Ah! mon fils, que la tendresse d'un père est aisément rappelée, et que les offenses d'un fils s'évanouissent vite au moindre mot de repentir! Je ne me souviens plus déja de tous les déplaisirs que vous m'avez donnés, et tout est effacé par les paroles que vous venez de me faire entendre. Je ne me sens pas, je l'avoue; je jette des larmes de joie, tous mes vœux sont satisfaits, et je n'ai plus rien désormais à demander au ciel. Embrassez-moi, mon fils, et persistez, je vous conjure, dans cette louable pensée. Pour moi, j'en vais tout de ce pas porter l'heureuse nouvelle à votre mère, partager avec elle les doux transports du ravissement où je suis, et rendre graces au ciel des saintes résolutions qu'il a daigné vous inspirer.

## SCÈNE II.

### DON JUAN, SGANARELLE.

### SGANARELLE.

Ah! monsieur, que j'ai de joie de vous voir converti! Il y a long-temps que j'attendois cela; et voilà, grace au ciel, tous mes souhaits accomplis.

DON JUAN.

La peste le benêt!

SGANARELLE.

Comment! le benêt!

DON JUAN.

Quoi! tu prends pour de bon argent ce que je viens de dire? et tu crois que ma bouche étoit d'accord avec mon cœur?

SGANARELLE.

Quoi! ce n'est pas... Vous ne... Votre... (A part.) O quel homme! quel homme! quel homme!

DON JUAN.

Non, non, je ne suis pas changé, et mes sentiments sont toujours les mêmes.

SGANARELLE.

Vous ne vous rendez pas à la surprenante merveille de cette statue mouvante et parlante?

DON JUAN.

Il y a bien quelque chose là-dedans que je ne comprends pas: mais quoi que ce puisse être, cela n'est pas capable ni de convaincre mon esprit ni d'ébranler mon ame; et si j'ai dit que je voulois corriger ma conduite, et me jeter dans un train de vie exemplaire, c'est un dessein que j'ai formé par pure politique, un stratagème utile, une grimace nécessaire où je veux me contraindre, pour ménager un père dont j'ai besoin, et me mettre à couvert, du côté des hommes, de cent fâcheuses aventures qui pourroient m'arriver. Je veux bien, Sganarelle, t'en faire confidence, et je suis bien aise d'avoir un témoin des véritables motifs qui m'obligent à faire les choses.

## ACTE V, SCÈNE II.

SGANARELLE.

Quoi! toujours libertin et débauché, vous voulez cependant vous ériger en homme de bien.

DON JUAN.

Et pourquoi non? il y en a tant d'autres comme moi qui se mêlent de ce métier, et qui se servent du même masque pour abuser le monde!

SGANARELLE, à part.

Ah! quel homme! quel homme!

DON JUAN.

Il n'y a plus de honte maintenant à cela : l'hypocrisie est un vice à la mode, et tous les vices à la mode passent pour vertus. La profession d'hypocrite a de merveilleux avantages. C'est un art de qui l'imposture est toujours respectée; et, quoiqu'on la découvre, on n'ose rien dire contre elle. Tous les autres vices des hommes sont exposés à la censure, et chacun à la liberté de les attaquer hautement; mais l'hypocrisie est un vice privilégié qui de sa main ferme la bouche à tout le monde, et jouit en repos d'une impunité souveraine. On lie, à force de grimaces, une société étroite avec tous les gens du parti. Qui en choque un se les attire tous sur les bras; et ceux que l'on sait même agir de bonne foi là-dessus, et que chacun connoît pour être véritablement touchés; ceux-là, dis-je, sont le plus souvent les dupes des autres; ils donnent bonnement dans le panneau des grimaciers, et appuient aveuglement les singes de leurs actions. Combien crois-tu que j'en connoisse qui, par ce stratagème, ont rhabillé adroitement les désordres de leur jeunesse, et, sous un dehors respecté, ont la permission d'être les plus méchants hommes du monde? On a beau savoir leurs intrigues, et les connoître pour ce qu'ils sont : ils ne laissent pas pour cela d'être en crédit parmi les gens; et quelque baissement de tête, un soupir mortifié, deux roulements d'yeux, rajustent dans le monde tout ce qu'ils peuvent faire. C'est sous cet abri favorable que je veux mettre en sûreté mes affaires. Je ne quitterai point mes douces habitudes; mais j'aurai soin de me cacher, et me divertirai à petit bruit. Que si je viens à être découvert, je verrai, sans me rémuer, prendre mes intérêts à toute ma cabale, et je serai défendu par elle envers et contre tous. Enfin c'est là le vrai moyen de faire impunément tout ce que je voudrai. Je m'érigerai en censeur des actions d'autrui, jugerai mal de tout le monde, et n'aurai bonne opinion que de moi. Dès qu'une fois on m'aura choqué tant soit peu, je ne pardonnerai jamais, et garderai tout doucement une haine irréconciliable. Je serai le vengeur de la vertu opprimée; et, sous ce prétexte commode, je pousserai mes ennemis, je les accuserai d'impiété, et saurai déchaîner contre eux des zélés indiscrets, qui, sans connoissance de cause, crieront contre eux, qui les accableront d'injures, et les damneront hautement de leur autorité privée. C'est ainsi qu'il faut profiter des foiblesses des hommes, et qu'un sage esprit s'accommode aux vices de son siècle.

SGANARELLE.

O ciel! qu'entends-je ici! Il ne vous manquoit plus que d'être hypocrite pour vous achever de tout point, et voilà le comble des abominations. Monsieur, cette dernière-ci m'emporte, et je ne puis m'empêcher de parler. Faites-moi tout ce qu'il vous plaira; battez-moi, assommez-moi de coups, tuez-moi si vous voulez; il faut que je décharge mon cœur, et qu'en valet fidèle je vous dise ce que je dois. Sachez, monsieur, que tant va la cruche à l'eau qu'enfin elle se brise; et comme dit fort bien cet auteur que je ne connois pas, l'homme est en ce monde ainsi que l'oiseau sur la branche; la branche est attachée à l'arbre; qui s'attache à l'arbre suit de bons préceptes; les bons préceptes valent mieux que les belles paroles; les belles paroles se trouvent à la cour; à la cour sont les courtisans; les courtisans suivent la mode; la mode vient de la fantaisie; la fantaisie est une faculté de l'ame; l'ame est ce qui nous donne la vie; la vie finit par la mort... et... songez à ce que vous deviendrez.

DON JUAN.

O le beau raisonnement!

SGANARELLE.

Après cela, si vous ne vous rendez, tant pis pour vous.

## SCÈNE III.

DON CARLOS, DON JUAN, SGANARELLE.

DON CARLOS.

Don Juan, je vous trouve à propos, et suis bien aise de vous parler ici plutôt que chez vous, pour vous demander vos résolutions. Vous savez que ce soin me regarde, et que je me suis en votre présence chargé de cette affaire. Pour moi, je ne le cèle point, je souhaite fort que les choses aillent dans la douceur; et il n'y a rien que je ne fasse pour porter votre esprit à vouloir prendre cette voie, et pour vous voir publiquement confirmer à ma sœur le nom de votre femme.

DON JUAN, d'un ton hypocrite.

Hélas! je voudrois bien de tout mon cœur vous donner la satisfaction que vous souhaitez : mais le ciel s'y oppose directement, il a inspiré à mon ame le dessein de changer de vie; et je n'ai point d'autres pensées maintenant que de quitter entièrement tous les attachements du monde, de me dépouiller au plus tôt de toutes sortes de vanités, et de corriger désormais par une austère conduite tous les dérèglements criminels où m'a porté le feu d'une aveugle jeunesse.

DON CARLOS.

Ce dessein, don Juan, ne choque point ce que je dis; et la compagnie d'une femme légitime peut bien s'accommoder avec les louables pensées que le ciel vous inspire.

DON JUAN.

Hélas! point du tout. C'est un dessein que votre sœur elle-même a pris; elle a résolu sa retraite, et nous avons été touchés tous deux en même temps.

DON CARLOS.

Sa retraite ne peut nous satisfaire, pouvant être imputée au mépris que vous feriez d'elle et de notre famille; et notre honneur demande qu'elle vive avec vous.

DON JUAN.

Je vous assure que cela ne se peut. J'en avois, pour moi, toutes les envies du monde; et je me suis, même encore aujourd'hui, conseillé au ciel pour cela: mais lorsque je l'ai consulté, j'ai entendu une voix qui m'a dit que je ne devois point songer à votre sœur, et qu'avec elle assurément je ne ferois point mon salut.

DON CARLOS.

Croyez-vous, don Juan, nous éblouir par ces belles excuses?

DON JUAN.

J'obéis à la voix du ciel.

DON CARLOS.

Quoi! vous voulez que je me paie d'un semblable discours?

DON JUAN.

C'est le ciel qui le veut ainsi.

DON CARLOS.

Vous aurez fait sortir ma sœur d'un couvent pour la laisser ensuite?

DON JUAN.

Le ciel l'ordonne de la sorte.

DON CARLOS.

Nous souffrirons cette tache en notre famille?

DON JUAN.

Prenez-vous-en au ciel.

DON CARLOS.

Hé quoi! toujours le ciel!

DON JUAN.

Le ciel le souhaite comme cela.

DON CARLOS.

Il suffit, don Juan; je vous entends. Ce n'est pas ici que je veux vous prendre, et le lieu ne le souffre pas; mais, avant qu'il soit peu, je saurai vous trouver.

DON JUAN.

Vous ferez ce que vous voudrez. Vous savez que je ne

manque point de cœur, et que je sais me servir de mon épée quand il le faut. Je m'en vais passer tout à l'heure dans cette petite rue écartée qui mène au grand couvent. Mais je vous déclare, pour moi, que ce n'est point moi qui me veux battre; le ciel m'en défend la pensée : et si vous m'attaquez, nous verrons ce qui en arrivera.

DON CARLOS.

Nous verrons, de vrai, nous verrons.

## SCÈNE IV.

### DON JUAN, SGANARELLE.

SGANARELLE.

Monsieur, quel diable de style prenez-vous là? Ceci est bien pis que le reste, et je vous aimerois bien mieux encore comme vous étiez auparavant. J'espérois toujours de votre salut: mais c'est maintenant que j'en désespère; et je crois que le ciel, qui vous a souffert jusqu'ici, ne pourra souffrir du tout cette dernière horreur.

DON JUAN.

Va, va, le ciel n'est pas si exact que tu penses; et si toutes les fois que les hommes...

## SCÈNE V.

### DON JUAN, SGANARELLE, UN SPECTRE
#### en femme voilée.

SGANARELLE, apercevant le spectre.

Ah! monsieur, c'est le ciel qui vous parle, et c'est un avis qu'il vous donne.

#### DON JUAN.

Si le ciel me donne un avis, il faut qu'il parle un peu plus clairement, s'il veut que je l'entende.

#### LE SPECTRE.

Don Juan n'a plus qu'un moment à pouvoir profiter de la miséricorde du ciel; et, s'il ne se repent ici, sa perte est résolue.

#### SGANARELLE.

Entendez-vous, monsieur?

#### DON JUAN.

Qui ose tenir ces paroles? Je crois connoître cette voix.

#### SGANARELLE.

Ah! monsieur, c'est un spectre; je le reconnois au marcher.

#### DON JUAN.

Spectre, fantôme, ou diable, je veux voir ce que c'est.

(Le spectre change de figure, et représente le Temps avec sa faux à la main.)

#### SGANARELLE.

O ciel! voyez-vous, monsieur, ce changement de figure?

#### DON JUAN.

Non, non, rien n'est capable de m'imprimer de la terreur; et je veux éprouver avec mon épée si c'est un corps ou un esprit.

(Le spectre s'envole dans le temps que don Juan veut le frapper.)

#### SGANARELLE.

Ah! monsieur, rendez-vous à tant de preuves, et jetez-vous dans le repentir.

#### DON JUAN.

Non, non; il ne sera pas dit, quoi qu'il arrive, que je sois capable de me repentir. Allons, suis-moi.

## SCÈNE VI.

LA STATUE DU COMMANDEUR, DON JUAN, SGANARELLE.

#### LA STATUE.

Arrêtez, don Juan. Vous m'avez hier donné parole de venir manger avec moi.

#### DON JUAN.

Oui. Où faut-il aller ?

#### LA STATUE.

Donnez-moi la main.

#### DON JUAN.

La voilà.

#### LA STATUE.

Don Juan, l'endurcissement au péché traîne une mort funeste; et les graces du ciel que l'on renvoie ouvrent un chemin à sa foudre.

#### DON JUAN.

O ciel! que sens-je? Un feu invisible me brûle, je n'en puis plus, et tout mon corps devient un brasier ardent. Ah!

( Le tonnerre tombe, avec un grand bruit et de grands éclairs, sur don Juan. La terre s'ouvre, et l'abîme; et il sort de grands feux de l'endroit où il est tombé. )

## SCÈNE VII.

### SGANARELLE.

Voila, par sa mort, un chacun satisfait. Ciel offensé, lois violées, filles séduites, familles déshonorées, parents outragés, femmes mises à mal, maris poussés à bout, tout le monde est content. Il n'y a que moi seul de malheureux, qui, après tant d'années de service, n'ai point d'autre récompense que de voir à mes yeux l'impiété de mon maître punie par le plus épouvantable châtiment du monde.

FIN DU TOME TROISIÈME.

# TABLE

## DES PIÈCES CONTENUES

### DANS CE VOLUME.

Pages

La Critique de l'École des Femmes, Comédie en un acte et en prose. 5

L'Impromptu de Versailles, Comédie en un acte et en prose. 57

La Princesse d'Élide, Comédie-ballet en cinq actes avec un Prologue et des Intermèdes. 105

Le Mariage Forcé, Comédie en un acte et en prose. 181

Don Juan, ou *Le Festin de Pierre*, Comédie en cinq actes et en prose. 237

FIN DE LA TABLE.

www.ingramcontent.com/pod-product-compliance
Lightning Source LLC
Chambersburg PA
CBHW060648170426
43199CB00012B/1708